Classiques Larousse

Collection fondée par Félix Guirand, agrégé des lettres

Molière

Dom Juan
ou
le Festin de Pierre

comé...

Édition présentée, annotée et commentée
par
GÉRARD FERREYROLLES
*ancien élève de l'École normale supérieure
agrégé de lettres classiques*

LAROUSSE

© Larousse 1991.
ISBN 2-03-871305-7
(Collection fondée par Félix Guirand et continuée par Léon Lejealle

Sommaire

La trajectoire moliéresque

Molière avant Molière

Contemporain de La Fontaine (né en 1621) et de Pascal (né en 1623), Jean-Baptiste Poquelin voit le jour en 1622, sans doute le 13 ou le 14 janvier. Sa famille, depuis plusieurs générations, ne compte que des tapissiers. Le père, Jean Poquelin, parvient même à exercer ce métier pour le service du roi et espère bien que son fils lui succédera dans cette charge. De fait, à quinze ans, Jean-Baptiste prête le serment qui doit lui permettre de devenir « tapissier et valet de chambre ordinaire du roi ».

Ses études pourtant l'orientent vers une profession plus intellectuelle : en 1640, il quitte le prestigieux collège de Clermont, à Paris (aujourd'hui lycée Louis-le-Grand), tenu par les jésuites, pour aller étudier à l'université d'Orléans, où il obtient « ses licences » de droit. Mais, pas plus que tapissier, le jeune homme ne souhaite devenir avocat. Une tentation plus bohème le travaille : celle du théâtre.

À l'école du spectacle

« Molière [écrit Grimarest, son premier biographe] avait un grand-père qui l'aimait éperdument ; et comme ce bon homme avait de la passion pour la comédie, il y menait souvent le petit Poquelin, à l'Hôtel de Bourgogne. Le père, qui appréhendait que ce plaisir ne dissipât son fils et ne lui ôtât toute l'attention qu'il devait à son métier, demanda un jour à ce bon homme pourquoi il menait si souvent son petit-fils au spectacle. Avez-vous, lui dit-il avec un peu d'indignation, envie

4

Madeleine Béjart.
Dessin du XIXᵉ siècle.
Musée de Meudon.

d'en faire un comédien ? Plût à Dieu, lui répondit le grand-père, qu'il fût aussi bon comédien que Bellerose (c'était un fameux acteur de ce temps-là) ! » Il ne faut pas chercher ailleurs que dans ces premières impressions l'origine de la vocation de Molière. Elle éclate en 1643, lorsque Jean-Baptiste demande sa part d'héritage et va s'installer chez les Béjart, une famille où la passion du théâtre est comme héréditaire. Très vite ils montent une troupe, qui prend le nom pompeux et fort optimiste d'*Illustre-Théâtre*. Elle est dirigée par la seule comédienne professionnelle du groupe : Madeleine Béjart. Dès 1644 cependant, c'est Jean-Baptiste Poquelin, rebaptisé Molière, qui en devient l'animateur et le chef. Ce n'est pas une garantie de succès : les spectateurs ne sont pas au rendez-vous, à la différence des créanciers... Moins heureux que Dom Juan qui réussit à congédier M. Dimanche sans lui rembourser l'argent qu'il lui doit (acte IV, sc. 3), Molière devra passer, en août 1645, quelques jours en prison pour dettes.

Il quitte alors Paris et, plutôt que de fonder une nouvelle troupe, se joint à celle de l'acteur Dufresne. Treize ans de voyages et d'aventures attendent les comédiens. Soutenus d'abord par le prince de Conti (qui par la suite condamnera le théâtre et les abandonnera lorsqu'il sera devenu janséniste), ils jouent dans le sud de la France et sont repérés à Toulouse, à Pézenas, à Béziers, à Lyon. C'est là, sur les routes et les tréteaux, que Molière apprend ses trois métiers : acteur, directeur de troupe (il a pris la succession de Dufresne) et auteur (sa première pièce, *l'Étourdi,* est jouée à Lyon en 1654). En 1658 enfin, il se sent mûr pour conquérir ce Paris qui n'a pas voulu de lui quelques années auparavant.

De la farce à la grande comédie

Tout va dépendre du roi. Le jeune Louis XIV bâille lorsque la troupe de Molière lui représente une tragédie de Corneille, mais rit aux éclats devant la farce du *Docteur amoureux :* la partie est gagnée. Molière obtient une salle à Paris, celle du Petit-Bourbon, qu'il échangera bientôt contre celle du Palais-Royal, réputée la plus vaste d'Europe. L'accueil du public qui applaudit à la représentation des *Précieuses ridicules* vient confirmer la faveur royale. La préciosité (voir p. 172) pouvait alors prêter à sourire ; la satire qu'en fit Molière touchait donc au vif l'actualité et remporta un triomphe en 1659. C'est d'ailleurs la première pièce de Molière à être imprimée. Du coup, il s'enhardit et donne une comédie en cinq actes et en vers, *l'École des femmes,* où il aborde un sujet beaucoup plus ambitieux que les traditionnels thèmes de farce : l'éducation des jeunes filles.

Redoublant d'audace, Molière ne craint pas en 1664 de critiquer l'hypocrisie des faux dévots dans une nouvelle pièce, *le Tartuffe.* Est-il allé trop loin ? Certains esprits s'échauffent, déclarent que c'est la religion elle-même qui est attaquée, et pas simplement sa contrefaçon. Ils font pression sur le roi, qui interdit les représentations publiques jusqu'en 1669. Mais Molière ne reste pas inactif et règle dans *Dom Juan* (1665) ses comptes avec les dévots qui l'ont fait censurer. L'année suivante, il donne même son chef-d'œuvre avec *le Misanthrope,* où deux siècles plus tard le romantique Musset entendra résonner « une mâle gaîté, si triste et si profonde / Que, lorsqu'on vient d'en rire, on devrait en pleurer ».

6

Vers le spectacle total

En 1669, non seulement *le Tartuffe* peut de nouveau être représenté sur scène, mais il y remporte un énorme succès : Molière en profite pour élargir sa perspective théâtrale. Certes, il montera encore une « grande comédie » en cinq actes et en vers (*les Femmes savantes,* 1672), mais, même là, il glisse de la comédie de caractère à la comédie de mœurs : ce ne sont plus, comme dans *l'École des femmes,* deux individus qui se trouvent dépeints, c'est maintenant un milieu entier que son esprit satirique passe en revue. Surtout, Molière tente d'associer tous les arts. Aussi, en collaboration avec Corneille et le musicien Lully, il écrit la tragédie-ballet *Psyché* en 1671. L'année précédente, c'était une comédie *(le Bourgeois gentilhomme)* qu'il avait ainsi agrémentée de musique et de danse ; il récidivera en 1673 dans une nouvelle comédie-ballet : *le Malade imaginaire.* Mais ce sera sa dernière pièce car, à la différence d'Argan, Molière n'est pas un malade imaginaire : le 17 février 1673, lors de la quatrième représentation, il est pris d'une convulsion. On le transporte chez lui toussant et crachant du sang. Il meurt quelques heures après, sans avoir eu le temps de recevoir le sacrement de confession qu'il avait demandé. La profession de comédien étant, au XVIIe siècle, regardée comme « infâme », il fallut une intervention du roi pour que l'inhumation ait lieu selon le rite chrétien. Après la mort de Molière, sa troupe fusionnera avec deux autres compagnies dont la réunion formera, en 1680, la Comédie-Française.

Molière

création
de l'Illustre Théâtre

l'Illustre Théâtre
devient
Troupe du Roi

1622 — 1643 — 1665 — 1673

La Bruyère (1645-1696)

Racine (1639-1699)

Boileau (1636-1711)

Bossuet (1627-1704)

Pascal (1623-1662)

La Fontaine (1621-1695)

La Rochefoucauld (1613-1680)

Corneille (1606-1684)

règne de Louis XIII (1617-1643)	régence d'Anne d'Autriche	règne personnel de Louis XIV (1661-1715)

1648-1653
La Fronde

1664 : persécutions
contre Port-Royal

1685 : révocation
de l'édit de Nantes

La carrière de *Dom Juan*

Les raisons d'un choix

En mai 1664, Molière a fait jouer *Tartuffe, ou l'Hypocrite* dans le cadre exceptionnellement brillant des fêtes de Versailles. La pièce est très favorablement accueillie par le roi et par la plus grande partie de la cour, mais les dévots affiliés à la secrète et fanatique Compagnie du Saint-Sacrement se scandalisent. Louis XIV, pourtant persuadé que *le Tartuffe* n'attaque en rien la religion, en interdit les représentations publiques. Molière doit donc renouveler son répertoire, établir sa bonne foi, et si possible démontrer les torts de ses adversaires pour les ridiculiser.

Dom Juan répond à ce triple objectif. D'abord, assurer des recettes à la troupe. *Le Misanthrope* est bien en chantier, mais Molière ne veut pas en précipiter la rédaction. Il se tourne alors vers l'idée d'une comédie en prose (plus facile à écrire) dont le sujet puisse attirer les spectateurs. Or la récente exploitation du personnage de Dom Juan par Villiers, par Dorimond (tous deux acteurs et auteurs contemporains de Molière) et par les comédiens-italiens sur différentes scènes parisiennes prouvait que ce thème avait les faveurs du public. De plus, en montrant au dénouement de sa pièce un athée foudroyé, Molière assurait les spectateurs et les autorités de la moralité de ses intentions. Message reçu par le roi, qui fit observer que le libertin Dom Juan « n'est pas récompensé ». Enfin, Molière réglait ses comptes : transformer, au cinquième acte, l'athée en dévot, c'était dire assez clairement que les pieux adversaires du *Tartuffe* n'étaient que des athées déguisés. D'une comédie à l'autre, le même combat continuait contre l'hypocrisie.

DOM JUAN

VARLET DE LA GRANGE
COMÉDIEN DU ROY

La Grange, comédien de la troupe de Molière,
dans le rôle de Dom Juan.
Gravure de 1875, par F. Hillemacher. Bibliothèque de l'Arsenal, Paris.

Le moment *Dom Juan*

Contrairement à ce qu'on a cru longtemps, la pièce n'a pas été bâclée. Nous savons, par un contrat passé entre la troupe et deux décorateurs, que dès l'automne 1664 son intrigue est fixée. La première a lieu le 15 février suivant, avec un très grand succès. Molière, spécialiste des rôles comiques, s'est réservé celui de Sganarelle, tandis que le personnage de Dom Juan est joué par le jeune premier La Grange. Aucune interdiction officielle ne vient interrompre la carrière de la pièce après la première représentation, mais, dès le deuxième jour, il faut couper une partie importante de la scène du Pauvre (acte III, sc. 2). *Dom Juan* continue cependant jusqu'à la relâche de Pâques, et les perspectives sont prometteuses. Surprise à la réouverture du théâtre, après les fêtes : *Dom Juan* a disparu de l'affiche... Sans doute à la suite d'un « conseil » venu d'en haut, invitant, de façon discrète mais pressante, à ne pas persévérer. Le parti des anti-*Tartuffe* ne s'est, en effet, pas avoué vaincu et a trouvé dans l'œuvre nouvelle des raisons supplémentaires pour accuser Molière d'impiété : non seulement le personnage principal fait profession d'athéisme, mais la défense de la religion est assumée par le grotesque Sganarelle. Ce dernier argument est développé dans un intéressant pamphlet, paru en mai 1665 sous la signature de Rochemont, les *Observations sur une comédie de Molière intitulée le Festin de Pierre* (voir p. 158). Deux réponses anonymes aux *Observations* ne suffisent pas à persuader Molière de reprendre les représentations : le *Dom Juan* ne sera plus joué du vivant de son auteur. Il ne sera pas davantage publié.

La résurrection de *Dom Juan*

Cette pièce maudite attendra longtemps avant de refaire surface. Elle paraît, certes, en 1682 dans l'édition La Grange des œuvres complètes de Molière, mais la censure lui impose de sérieuses coupures. Il faudra attendre l'édition Auger de 1819 pour que soit connu et diffusé le texte de la pièce dans son intégralité. Sur scène, le délai fut plus long encore : l'acteur Champmeslé « fabrique » d'abord une comédie en deux actes, *Fragments de Molière* (1676), qui reprend en fait deux épisodes de *Dom Juan* (la séduction de Charlotte et la scène avec M. Dimanche). Puis, Thomas Corneille (le frère de l'auteur du *Cid*) fait jouer en 1677 sa transcription versifiée, et expurgée, de l'œuvre originale : jusqu'en 1841, il n'en sera pas donné au théâtre d'autre version. C'est à cette date seulement que l'authentique *Dom Juan* renaît sur les planches de l'Odéon, à Paris. Mais un siècle sera encore nécessaire pour que Louis Jouvet, en 1947, lui confère toute sa dimension de chef-d'œuvre sur la scène du théâtre de l'Athénée.

Louis Jouvet dans le rôle de Dom Juan.
Théâtre de l'Athénée, 1947.

La constellation donjuanesque

Le protagoniste et son complice

Au centre de la pièce, celui qui lui donne son nom. Les autres personnages n'existent que par rapport à lui, pour seconder son action, pour la subir ou pour la contrecarrer.

Son nom complet n'est donné qu'au troisième acte : « Dom Juan Tenorio, fils de Dom Louis Tenorio », mais sa situation dans la société est précisée dès la première scène (où il est appelé « homme de qualité ») et, à vrai dire, dès le titre de la comédie, puisque la dénomination « Dom » indique sa noblesse. Gentilhomme et « jeune encore » (acte I, sc. 1), Dom Juan a deux atouts dans son jeu : l'éclat de son apparence, qui est celle d'un brillant mondain au siècle de Louis XIV (perruque blonde, habit doré, déluge de dentelles, rubans couleur de feu), et l'éclat de son langage (« Vertu de ma vie, comme vous débitez ! » s'extasie Sganarelle). Mais ces prestiges ne lui servent qu'à tromper les autres à son propre profit. Aussi est-il défini dans la pièce comme « un grand seigneur méchant homme ». Sa prestance physique et sa virtuosité verbale font de lui un séducteur professionnel, pour qui la conquête seule importe : une fois épousée, la femme ne l'intéresse plus, et il l'abandonne. La « méchanceté » de Dom Juan s'exerce aussi à l'égard du Ciel, puisqu'il joint à l'incroyance une volonté de défi qui le porte à faire blasphémer autrui (voir la scène du Pauvre), à singer la dévotion et à repousser les avertissements divins. Au total, c'est un personnage double, mélange de hardiesse et de perversité, qui fascine le spectateur en même temps qu'il le choque.

14

Duplicité aussi, mais dans un autre registre, de son valet Sganarelle. Comme Sancho Pança comparé à Don Quichotte, il est l'antithèse de son maître et, de ce contraste, naît le comique : Sganarelle est aussi balourd, moralisateur et peureux que Dom Juan se montre élégant, cynique et courageux. Face à l'irréligion de Dom Juan, Sganarelle ne représente pas le christianisme authentique mais sa caricature superstitieuse (voir « le Moine-Bourru » de l'acte III, scène 1) : s'il blâme la vie dissolue de Dom Juan, ce n'est pas tant par attachement à la morale que par peur du châtiment. Aussi bien, dès que la crainte de son maître l'emporte sur celle de l'enfer, il cesse ses tirades édifiantes pour approuver l'attitude de Dom Juan. Les deux personnages, par là, se révèlent complices en même temps qu'opposés : Sganarelle lui aussi tente de faire jurer le Pauvre, et imite tour à tour la désinvolture du libertin en

Dom Juan (Philippe Avron) et Sganarelle (Carlo Brandt).
Mise en scène de Benno Besson.
Théâtre de Créteil, 1987.

raillant « Aristote et toute la Philosophie » (acte I, sc. 1) et celle du grand seigneur en refusant de payer ses dettes à M. Dimanche. Double dégradé de Dom Juan, il maintient la pièce par ses propos et facéties burlesques dans une tonalité comique chaque fois qu'elle menace de tourner au pathétique ou au tragique (en particulier lors du dénouement).

Les victimes et les vengeurs

La première victime de Dom Juan est sa femme, Done Elvire. Séduite alors qu'elle était religieuse, elle comprend très vite (acte I, sc. 3) que celui pour qui elle a trahi Dieu la trahit à son tour. C'est la femme outragée qui apparaît d'abord, avec menaces et imprécations (voir p. 171). Cependant, son évolution est sensible au cours de la pièce : quand elle revient à l'acte IV, elle est convertie. Son amour pour Dom Juan demeure, mais la passion est devenue charité : il s'agit de sauver celui qui a failli la perdre. Morte aux attachements du monde, voix désincarnée de la miséricorde céleste, Elvire est vraisemblablement le « Spectre en femme voilée » qui tente à l'avant-dernière scène d'arracher Dom Juan à la damnation éternelle.

Victime aussi, et doublement, le père de Dom Juan : Dom Louis. Il doit tout d'abord essuyer l'insolence de son fils qui coupe tous les effets de sa grandiloquente tirade (acte IV, sc. 4) par une sèche et ironique invitation à s'asseoir. La valeur aristocratique de gloire, à laquelle le vieux gentilhomme a dévoué sa vie, se trouve bafouée par celui-là même dont il avait demandé la naissance à Dieu. Peu s'en faut que cet autre Don Diègue (le père de Don Rodrigue, dans *le Cid*) ne soit réduit par son fils à l'état ridicule de barbon de comédie. Dom Louis est de surcroît trompé par la fausse conversion de Dom Juan à la scène 1 de l'acte V : on se doute que la joie qu'il laisse alors éclater se transformera le soir même

16

en un chagrin qui lui fera suivre de près son fils dans la mort.

Sur le passage du libertin se rencontrent aussi d'épisodiques victimes :

— un paysan fruste et content de soi (Pierrot), qui voit se détacher de lui sa fiancée Charlotte, assez naïve pour croire aux promesses de Dom Juan mais assez sage pour attendre le mariage, comme son exacte réplique Mathurine à qui Dom Juan a fait les mêmes propositions ;

— un Pauvre, dont le nom même prouve qu'il est moins un personnage qu'une fonction : celle du représentant de Dieu face au diabolique Tentateur ;

— un bourgeois fraîchement sorti du peuple, M. Dimanche, encore ligoté par le respect des grands et qui sert à révéler sur le plan matériel ce qu'est Dom Juan sur le plan moral : l'homme qui ne paye pas ses dettes, l'homme de la non-réciprocité.

Mais ces victimes, et à travers elles toutes celles qui ne sont pas nommées, vont trouver vengeance. Les deux frères de Done Elvire (Dom Carlos et Dom Alonse) incarnent la vengeance du monde : leur honneur réclame du sang. Ils ne sont pourtant pas interchangeables. Alors que Dom Alonse exige une réparation immédiate et brutale, à la limite de l'assassinat, Dom Carlos n'envisage le duel que comme un dernier recours ; il symbolise une conception de l'honneur qui n'est pas totalement incompatible avec l'autorité de l'État. La Statue (l'effigie mortuaire d'un homme que Dom Juan a tué : le Commandeur), enfin, incarne la vengeance du Ciel : elle ne laisse rien deviner de la personnalité du défunt Commandeur, car, à travers elle, ce n'est pas la colère d'un homme qui éclate, mais l'inéluctable justice de Dieu qui est rendue.

L'intrigue

La situation de départ

Dom Juan, grand seigneur libertin, fuit dans une ville de Sicile sa dernière et récente épouse, Done Elvire (acte I, sc. 1). Il projette en même temps d'assouvir sa passion sans cesse renaissante pour les femmes en enlevant une jeune fille (fiancée à un autre), lorsqu'elle ira se promener en mer (I, 2).

Dom Juan contrarié et bredouille

Première contrariété pour Dom Juan : Done Elvire, l'épouse qu'il fuyait, a suivi sa trace et le retrouve. Elle lui reproche sa trahison et, en désespoir de cause, passe des plaintes aux menaces (I, 3). Deuxième contrariété : la femme que Dom Juan poursuivait lui échappe. On apprend en effet, par une conversation entre le paysan Pierrot et sa fiancée Charlotte, que Dom Juan et son valet Sganarelle ont fait naufrage lors de leur sortie en barque et n'ont pu être sauvés que de justesse (II, 1). L'amoureux professionnel entreprend alors de compenser avec Charlotte l'échec qu'il vient de subir : s'il n'a guère de mal à séduire la jeune paysanne et à se délivrer de son rival Pierrot (II, 2 et 3), Dom Juan est fort embarrassé par l'arrivée d'une autre paysanne, Mathurine, à qui il a également promis le mariage. Vaincu par son propre succès, il doit battre en retraite (II, 4).

La traque

Mais la menace proférée par Done Elvire se concrétise : douze hommes à cheval recherchent Dom Juan (II, 5), qui, après avoir changé d'habit, s'enfonce dans la forêt en compagnie du seul Sganarelle. Chemin faisant, le maître confie à son valet scandalisé qu'il n'a aucune croyance religieuse (III, 1). D'ailleurs, lorsqu'ils rencontrent un Pauvre, Dom Juan lui promet de l'argent à condition qu'il blasphème — ce à quoi l'ermite se refuse héroïquement (III, 2). Un peu plus loin, Dom Juan sauve un homme attaqué par des brigands. Or, il s'agit de Dom Carlos, un des frères de Done Elvire qui poursuivaient Dom Juan pour en tirer vengeance. Ce dernier évidemment ne révèle pas son identité (III, 3), mais est reconnu par Dom Alonse (autre frère de Done Elvire) arrivé entre-temps avec le reste de la troupe (III, 4). Un combat inégal semble devoir s'engager, lorsque Dom Carlos, lié par la reconnaissance, obtient pour Dom Juan un sursis d'une journée avant qu'il ait à répondre du déshonneur infligé à la famille de Done Elvire.

Le convive de pierre

À peine Dom Juan bénéficie-t-il de ce répit qu'il va se trouver confronté à un autre péril, bien plus inquiétant : la route a conduit Sganarelle et son maître au tombeau d'un homme (le Commandeur) que Dom Juan a tué en duel six mois auparavant. Par bravade, le meurtrier invite la statue de sa victime à dîner... Laissant Sganarelle sidéré, celle-ci acquiesce (III, 5) ! Le soir même, une succession de fâcheux empêchent Dom Juan de prendre son repas : l'un lui réclame de l'argent (M. Dimanche, IV, 3), un autre le menace de sanctions (son père Dom Louis, IV, 4), Done Elvire enfin le supplie de se convertir (IV, 6). Dom Juan n'en a cure et, au milieu des pitreries de Sganarelle, s'apprête à passer à table, quand se présente le convive d'outre-tombe. La statue animée retourne à Dom Juan son invitation pour le lendemain. Celui-ci accepte (IV, 8).

Le Festin de Pierre.
Gravure de J. Savé, d'après Brissart,
figurant dans l'édition de 1682 des *Œuvres* de Molière.

Le châtiment

La nuit a-t-elle porté conseil à Dom Juan ? Le voici qui parle
le langage de la dévotion et provoque la joie de Dom Louis
en lui annonçant sa conversion (V, 1). C'est en fait une
nouvelle feinte : Dom Juan explique à Sganarelle qu'il entend
désormais se servir de l'hypocrisie comme d'un bouclier (V, 2).
Aussi, lorsque Dom Carlos réclame réparation de l'outrage
fait à sa sœur, Dom Juan refuse de reprendre la vie
commune : il déclare adopter « une austère conduite » pour
se racheter et... obéir au Ciel (V, 3). Mais, en se couvrant
des apparences de la religion pour commettre le mal, le
libertin pousse à bout la patience divine. Un dernier avertis-
sement, donné par un Spectre, reste sans effet : alors paraît
la Statue, qui attire la foudre sur Dom Juan et le précipite
dans un abîme de feu (V, 6).

Portrait de Molière.
Gravure de B.-F. Lépicié (1700-1755),
d'après une peinture de N. Coypel (1626-1707).

MOLIÈRE

Dom[1] Juan
ou
le Festin de Pierre[2]

comédie
représentée pour la première fois
le 15 février 1665

Personnages

Dom Juan, *fils de Dom Louis.*
Sganarelle, *valet de Dom Juan.*
Elvire, *femme de Dom Juan.*
Gusman, *écuyer d'Elvire.*
Dom Carlos ⎱
Dom Alonse ⎰ *frères d'Elvire.*
Dom Louis, *père de Dom Juan.*
Francisque, *pauvre.*
Charlotte ⎱
Mathurine ⎰ *paysannes.*
Pierrot, *paysan.*
La Statue du Commandeur.
La Violette ⎱
Ragotin ⎰ *laquais de Dom Juan.*
M. Dimanche, *marchand.*
La Ramée, *spadassin.*
Suite de Dom Juan.
Suite de Dom Carlos et de Dom Alonse, frères.
Un Spectre.

La scène est en Sicile.

Notes de la page précédente.
1. *Dom* : au Portugal, titre donné aux nobles et à certains religieux.
En espagnol : *don* et *doña*, francisé en « done ».
2. *Le Festin de Pierre* : ainsi s'intitule la pièce dans les versions
françaises antérieures (celle de Dorimond en 1659, celle de Villiers
en 1660), où Pierre est le nom du Commandeur invité par Dom Juan.
L'original espagnol a pour titre : *l'Abuseur de Séville et le Convive
de pierre,* parce que l'invité est une statue en pierre.

Acte premier

Le théâtre représente un palais.

SCÈNE PREMIÈRE. SGANARELLE, GUSMAN.

SGANARELLE, *tenant une tabatière.* Quoi que puisse dire
Aristote et toute la Philosophie, il n'est rien d'égal au tabac :
c'est la passion des honnêtes gens, et qui vit sans tabac n'est
pas digne de vivre. Non seulement il réjouit et purge les
5 cerveaux[1] humains, mais encore il instruit les âmes à la vertu,
et l'on apprend avec lui à devenir honnête homme. Ne voyez-
vous pas bien, dès qu'on en prend, de quelle manière
obligeante on en use avec tout le monde, et comme on est
ravi d'en donner à droit et à gauche, partout où l'on se
10 trouve ? On n'attend pas même qu'on en demande, et l'on
court au-devant du souhait des gens : tant il est vrai que le
tabac inspire des sentiments d'honneur et de vertu à tous
ceux qui en prennent. Mais c'est assez de cette matière.
Reprenons un peu notre discours. Si bien donc, cher Gusman,
15 que Done Elvire, ta maîtresse, surprise de notre départ, s'est
mise en campagne après nous, et son cœur, que mon maître
a su toucher trop fortement, n'a pu vivre, dis-tu, sans le venir
chercher ici. Veux-tu qu'entre nous je te dise ma pensée ?
J'ai peur qu'elle ne soit mal payée de son amour, que son
20 voyage en cette ville produise peu de fruit, et que vous eussiez
autant gagné à ne bouger de là.

---

1. *Purge les cerveaux :* débarrasse le cerveau de ses impuretés par
l'éternuement. (Il s'agit de tabac à priser, non à fumer.)

GUSMAN.   Et la raison encore ? Dis-moi, je te prie, Sganarelle, qui[1] peut t'inspirer une peur d'un si mauvais augure ? Ton maître t'a-t-il ouvert son cœur là-dessus, et t'a-t-il dit qu'il eût
25 pour nous quelque froideur qui l'ait obligé à partir ?

SGANARELLE.   Non pas ; mais, à vue de pays, je connais à peu près le train des choses ; et sans qu'il m'ait encore rien dit, je gagerais presque que l'affaire va là[2]. Je pourrais peut-être me tromper ; mais enfin, sur de tels sujets, l'expé-
30 rience m'a pu donner quelques lumières.

GUSMAN.   Quoi ? ce départ si peu prévu serait une infidélité de Dom Juan ? Il pourrait faire cette injure aux chastes feux de Done Elvire ?

SGANARELLE.   Non, c'est qu'il est jeune encore, et qu'il n'a
35 pas le courage...

GUSMAN.   Un homme de sa qualité[3] ferait une action si lâche ?

SGANARELLE.   Eh oui, sa qualité ! La raison en est belle, et c'est par-là qu'il s'empêcherait[4] des choses
40 GUSMAN.   Mais les saints nœuds du mariage le tiennent engagé.

SGANARELLE.   Eh ! mon pauvre Gusman, mon ami, tu ne sais pas encore, crois-moi, quel homme est Dom Juan.

GUSMAN.   Je ne sais pas, de vrai, quel homme il peut être,
45 s'il faut qu'il nous ait fait cette perfidie ; et je ne comprends point comme après tant d'amour et tant d'impatience témoignée, tant d'hommages pressants, de vœux, de soupirs et de larmes, tant de lettres passionnées, de protestations[5]

---

1. *Qui* : ce qui.
2. *Va là* : suit ce cours.
3. *Qualité* : noblesse.
4. *Qu'il s'empêcherait* : qu'il s'abstiendrait.
5. *Protestations* : déclarations (d'amour).

26

ardentes et de serments réitérés, tant de transports[1] enfin et
50 tant d'emportements qu'il a fait paraître, jusques à forcer,
dans sa passion, l'obstacle sacré d'un couvent, pour mettre
Done Elvire en sa puissance, je ne comprends pas, dis-je,
comme, après tout cela, il aurait le cœur de pouvoir manquer
à sa parole.

55 SGANARELLE.   Je n'ai pas grande peine à le comprendre,
moi ; et si tu connaissais le pèlerin[2], tu trouverais la chose
assez facile pour lui. Je ne dis pas qu'il ait changé de
sentiments pour Done Elvire, je n'en ai point de certitude
encore : tu sais que, par son ordre, je partis avant lui, et
60 depuis son arrivée il ne m'a point entretenu ; mais, par
précaution, je t'apprends, *inter nos*[3], que tu vois en Dom Juan,
mon maître, le plus grand scélérat que la terre ait jamais
porté, un enragé, un chien, un diable, un Turc, un hérétique,
qui ne croit ni Ciel, [ni saint, ni Dieu][4], ni loup-garou, qui
65 passe cette vie en véritable bête brute, en pourceau d'Épicure[5],
en vrai Sardanapale[6], qui ferme l'oreille à toutes les remontrances [chrétiennes] qu'on lui peut faire, et traite de billevesées[7]
tout ce que nous croyons. Tu me dis qu'il a épousé ta
maîtresse : crois qu'il aurait plus fait pour sa passion, et
70 qu'avec elle il aurait encore épousé toi, son chien et son chat.
Un mariage ne lui coûte rien à contracter ; il ne se sert point

---

1. *Transports* : mouvements de passion.
2. *Pèlerin* : homme rusé, dissimulé (emploi ironique).
3. *Inter nos* : entre nous.
4. Les passages entre crochets viennent de l'édition hollandaise de
1683. Voir la rubrique État du texte, p. 147.
5. Épicure étant le philosophe du plaisir, ses disciples sont parfois
accusés de vivre comme des porcs (voir Horace, 65 - 8 av. J. - C.,
Épîtres, I, 4).
6. *Sardanapale* : roi légendaire d'Assyrie, dont le nom est synonyme
de débauché.
7. *Billevesées* : sottises.

d'autres pièges pour attraper les belles, et c'est un épouseur
à toutes mains[1]. Dame, damoiselle[2], bourgeoise, paysanne, il
ne trouve rien de trop chaud ni de trop froid pour lui ; et
75 si je te disais le nom de toutes celles qu'il a épousées en
divers lieux, ce serait un chapitre à durer jusques au soir. Tu
demeures surpris et changes de couleur à ce discours ; ce
n'est là qu'une ébauche du personnage, et pour en achever
le portrait, il faudrait bien d'autres coups de pinceau. Suffit
80 qu'il faut que le courroux du Ciel l'accable quelque jour ;
qu'il me vaudrait bien mieux d'être au diable que d'être à
lui, et qu'il me fait voir tant d'horreurs, que je souhaiterais
qu'il fût déjà je ne sais où. Mais un grand seigneur méchant
homme est une terrible chose ; il faut que je lui sois fidèle,
85 en dépit que j'en aie[3] : la crainte en moi fait l'office du zèle[4],
bride mes sentiments, et me réduit d'applaudir bien souvent
à ce que mon âme déteste. Le voilà qui vient se promener
dans ce palais : séparons-nous ; écoute, au moins je t'ai fait
cette confidence avec franchise, et cela m'est sorti un peu
90 bien vite de la bouche ; mais s'il fallait qu'il en vînt quelque
chose à ses oreilles, je dirais hautement que tu aurais menti.

---

1. *Un épouseur à toutes mains* : un homme prêt à épouser toutes les
femmes.
2. *Dame, damoiselle* : femme et fille nobles.
3. *En dépit que j'en aie* : malgré moi.
4. *Fait l'office du zèle* : remplace le dévouement (comme motif de
servir Dom Juan).

Acte I Scène 1

LE PROLOGUE

Il ne sera plus question de tabac pendant le reste de la pièce. La tirade de Sganarelle semble donc n'avoir aucun rapport avec l'action. Elle remplit cependant une triple fonction : comique, satirique et dramatique.

1. En quoi est-il risible de mêler Aristote à une polémique sur le tabac ? Le comique naissant toujours d'une surprise, quelles disproportions doivent être ici relevées entre l'objet présenté (le tabac) et ce qui est dit de lui ?

2. Quel type de personne peut se sentir visé par la mise en cause d'Aristote ? par l'apologie du tabac, sachant que la Compagnie du Saint-Sacrement (attaquée dans *le Tartuffe*) en contestait l'usage ?

3. Le couplet burlesque de Sganarelle annonce plusieurs thèmes centraux de la pièce : lesquels ? Quel rapport Dom Juan entretient-il avec les valeurs qui sont ici évoquées ?

L'INFORMATION

4. Quel est l'intérêt de faire passer l'information par des serviteurs plutôt que par leurs maîtres ?

5. Combien de personnages sont présentés dans cette scène ? Comment sont-ils définis (nom, rang, relations) ? Dans le cas de Dom Juan, n'y a-t-il pas contradiction entre sa condition et son comportement ? Est-il seulement décrit comme « l'homme à femmes » de la tradition ? En traçant le portrait de Dom Juan, Sganarelle ne fait-il pas le sien ? Justifiez votre réponse.

LA DYNAMIQUE

6. Comparez le monde harmonieux rêvé dans le prologue et la situation qui est ensuite évoquée.

7. Quelle est la question que le spectateur se pose à la fin de la scène ? A-t-il des éléments de réponse ? Plus encore, le dénouement n'est-il pas suggéré dès cette ouverture ?

SCÈNE 2. DOM JUAN, SGANARELLE.

DOM JUAN. Quel homme te parlait là ? Il a bien de l'air, ce me semble, du bon Gusman de Done Elvire.

SGANARELLE. C'est quelque chose aussi à peu près de cela.

DOM JUAN. Quoi ? c'est lui ?

5 SGANARELLE. Lui-même.

DOM JUAN. Et depuis quand est-il en cette ville ?

SGANARELLE. D'hier au soir.

DOM JUAN. Et quel sujet l'amène ?

SGANARELLE. Je crois que vous jugez assez ce qui le peut
10 inquiéter.

DOM JUAN. Notre départ sans doute ?

SGANARELLE. Le bonhomme[1] en est tout mortifié, et m'en demandait le sujet.

DOM JUAN. Et quelle réponse as-tu faite ?

15 SGANARELLE. Que vous ne m'en aviez rien dit.

DOM JUAN. Mais encore, quelle est ta pensée là-dessus ? Que t'imagines-tu de cette affaire ?

SGANARELLE. Moi, je crois, sans vous faire tort, que vous avez quelque nouvel amour en tête.

20 DOM JUAN. Tu le crois ?

SGANARELLE. Oui.

DOM JUAN. Ma foi ! tu ne te trompes pas, et je dois t'avouer qu'un autre objet[2] a chassé Elvire de ma pensée.

SGANARELLE. Eh ! mon Dieu ! je sais mon Dom Juan sur
25 le bout du doigt, et connais votre cœur pour le plus grand coureur du monde : il se plaît à se promener de liens en liens, et n'aime guère à demeurer en place.

---

1. *Bonhomme* : homme qui commence à vieillir ou homme simple.
2. *Objet* : personne aimée.

DOM JUAN.   Et ne trouves-tu pas, dis-moi, que j'ai raison
d'en user de la sorte ?

30 SGANARELLE.   Eh ! Monsieur.

DOM JUAN.   Quoi ? Parle.

SGANARELLE.   Assurément que vous avez raison, si vous le
voulez ; on ne peut pas aller là contre. Mais si vous ne le
vouliez pas, ce serait peut-être une autre affaire.

35 DOM JUAN.   Eh bien ! je te donne la liberté de parler et
de me dire tes sentiments.

SGANARELLE.   En ce cas, Monsieur, je vous dirai franchement
que je n'approuve point votre méthode, et que je trouve fort
vilain d'aimer de tous côtés comme vous faites.

40 DOM JUAN.   Quoi ? tu veux qu'on se lie à demeurer au
premier objet qui nous prend, qu'on renonce au monde pour
lui, et qu'on n'ait plus d'yeux pour personne ? La belle chose
de vouloir se piquer d'[1] un faux honneur d'être fidèle, de
s'ensevelir pour toujours dans une passion, et d'être mort dès
45 sa jeunesse à toutes les autres beautés qui nous peuvent
frapper les yeux ! Non, non : la constance n'est bonne que
pour des ridicules ; toutes les belles ont droit de nous charmer,
et l'avantage d'être rencontrée la première ne doit point
dérober aux autres les justes prétentions qu'elles ont toutes
50 sur nos cœurs. Pour moi, la beauté me ravit partout où je la
trouve, et je cède facilement à cette douce violence dont elle
nous entraîne. J'ai beau être engagé[2], l'amour que j'ai pour
une belle n'engage point mon âme à faire injustice aux
autres ; je conserve des yeux pour voir le mérite de toutes,
55 et rends à chacune les hommages et les tributs[3] où[4] la nature

---

1. *Se piquer de* : prétendre à.
2. *Engagé* : lié par une promesse.
3. *Tributs* : témoignages de soumission (langage galant).
4. *Où* : auxquels.

31

nous oblige. Quoi qu'il en soit, je ne puis refuser mon cœur à tout ce que je vois d'aimable ; et dès qu'un beau visage me le demande, si j'en avais dix mille, je les donnerais tous.

60 Les inclinations naissantes, après tout, ont des charmes inexplicables, et tout le plaisir de l'amour est dans le changement. On goûte une douceur extrême à réduire[1], par cent hommages, le cœur d'une jeune beauté, à voir de jour en jour les petits progrès qu'on y fait, à combattre par des transports, par des larmes et des soupirs, l'innocente pudeur

65 d'une âme qui a peine à rendre les armes, à forcer pied à pied toutes les petites résistances qu'elle nous oppose, à vaincre les scrupules dont elle se fait un honneur et la mener doucement où nous avons envie de la faire venir. Mais lorsqu'on en est maître une fois, il n'y a plus rien à dire ni

70 rien à souhaiter ; tout le beau de la passion est fini, et nous nous endormons dans la tranquillité d'un tel amour, si quelque objet nouveau ne vient réveiller nos désirs, et présenter à notre cœur les charmes attrayants d'une conquête à faire. Enfin, il n'est rien de si doux que de triompher de la résistance

75 d'une belle personne, et j'ai sur ce sujet l'ambition des conquérants, qui volent perpétuellement de victoire en victoire, et ne peuvent se résoudre à borner leurs souhaits. Il n'est rien qui puisse arrêter l'impétuosité de mes désirs : je me sens un cœur à aimer toute la terre ; et comme Alexandre[2],

80 je souhaiterais qu'il y eût d'autres mondes, pour y pouvoir étendre mes conquêtes amoureuses.

---

1. *Réduire* : vaincre, subjuguer.
2. *Alexandre* : Alexandre le Grand (356 - 323 av. J. - C.), fondateur d'Alexandrie ; à la suite de nombreuses conquêtes, il étendit son empire jusqu'en Égypte et en Asie. Le poète latin Juvénal (60 - 140 apr. J. - C.) dit de lui qu'il « étouffait dans l'étroite limite d'un seul monde » (*Satires*, X, v. 169).

SGANARELLE.   Vertu de ma vie, comme vous débitez ! Il semble que vous avez appris cela par cœur, et vous parlez tout comme un livre.

85 DOM JUAN.   Qu'as-tu à dire là-dessus ?

SGANARELLE.   Ma foi, j'ai à dire..., je ne sais ; car vous tournez les choses d'une manière[1], qu'il semble que vous avez raison ; et cependant il est vrai que vous ne l'avez pas. J'avais les plus belles pensées du monde, et vos discours m'ont 90 brouillé tout cela. Laissez faire : une autre fois je mettrai mes raisonnements par écrit, pour disputer[2] avec vous.

DOM JUAN.   Tu feras bien.

SGANARELLE.   Mais, Monsieur, cela serait-il de la permission que vous m'avez donnée, si je vous disais que je suis tant 95 soit peu scandalisé de la vie que vous menez ?

DOM JUAN.   Comment ? quelle vie est-ce que je mène ?

SGANARELLE.   Fort bonne. Mais, par exemple, de vous voir tous les mois vous marier comme vous faites...

DOM JUAN.   Y a-t-il rien de plus agréable ?

100 SGANARELLE.   Il est vrai, je conçois que cela est fort agréable et fort divertissant, et je m'en accommoderais assez, moi, s'il n'y avait point de mal, mais, Monsieur, se jouer ainsi d'un mystère sacré[3], et...

DOM JUAN.   Va, va, c'est une affaire entre le Ciel et moi, 105 et nous la démêlerons bien ensemble, sans que tu t'en mettes en peine.

SGANARELLE.   Ma foi ! Monsieur, j'ai toujours ouï dire que

---

1. *D'une manière* : d'une telle manière que...
2. *Disputer* : discuter, débattre.
3. *Se jouer d'un mystère sacré* : se moquer d'un sacrement (il s'agit ici du mariage).

c'est une méchante[1] raillerie que de se railler du Ciel, et que les libertins[2] ne font jamais une bonne fin.

110 DOM JUAN.   Holà ! maître sot, vous savez que je vous ai dit que je n'aime pas les faiseurs de remontrances.

SGANARELLE.   Je ne parle pas aussi à vous, Dieu m'en garde. Vous savez ce que vous faites, vous ; et si vous ne croyez rien, vous avez vos raisons ; mais il y a de certains petits
115 impertinents dans le monde, qui sont libertins sans savoir pourquoi, qui font les esprits forts[3], parce qu'ils croient que cela leur sied bien ; et si j'avais un maître comme cela, je lui dirais fort nettement, le regardant en face : « Osez-vous bien ainsi vous jouer au Ciel[4], et ne tremblez-vous point de vous
120 moquer comme vous faites des choses les plus saintes ? C'est bien à vous, petit ver de terre, petit mirmidon[5] que vous êtes (je parle au maître que j'ai dit), c'est bien à vous à vouloir vous mêler de tourner en raillerie ce que tous les hommes révèrent ? Pensez-vous que pour être de qualité, pour avoir
125 une perruque blonde et bien frisée, des plumes à votre chapeau, un habit bien doré, et des rubans couleur de feu (ce n'est pas à vous que je parle, c'est à l'autre), pensez-vous, dis-je, que vous en soyez plus habile homme, que tout vous soit permis, et qu'on n'ose vous dire vos vérités ? Apprenez
130 de moi, qui suis votre valet, que le Ciel punit tôt ou tard les impies, qu'une méchante vie amène une méchante mort, et que... »

DOM JUAN.   Paix !

---

1. *Méchante* : dangereuse.
2. *Les libertins* : ceux qui manquent de respect envers la religion.
3. *Esprits forts* : personnes qui rejettent les croyances religieuses traditionnelles.
4. *Vous jouer au Ciel* : vous attaquer à Dieu.
5. *Mirmidon* : homme de petite taille, chétif, insignifiant.

SGANARELLE.　De quoi est-il question ?

135　DOM JUAN.　Il est question de te dire qu'une beauté me tient au cœur, et qu'entraîné par ses appas[1], je l'ai suivie jusques en cette ville.

SGANARELLE.　Et n'y craignez-vous rien, Monsieur, de la mort de ce Commandeur[2] que vous tuâtes il y a six mois ?

140　DOM JUAN.　Et pourquoi craindre ? Ne l'ai-je pas bien tué ?

SGANARELLE.　Fort bien, le mieux du monde, et il aurait tort de se plaindre.

DOM JUAN.　J'ai eu ma grâce de cette affaire[3].

145　SGANARELLE.　Oui, mais cette grâce n'éteint pas peut-être le ressentiment des parents et des amis, et...

DOM JUAN.　Ah ! n'allons point songer au mal qui nous peut arriver, et songeons seulement à ce qui nous peut donner du plaisir. La personne dont je te parle est une jeune fiancée,
150　la plus agréable du monde, qui a été conduite ici par celui même qu'elle y vient épouser ; et le hasard me fit voir ce couple d'amants[4] trois ou quatre jours avant leur voyage. Jamais je n'ai vu deux personnes être si contents l'un de l'autre, et faire éclater plus d'amour. La tendresse visible de
155　leurs mutuelles ardeurs me donna de l'émotion ; j'en fus frappé au cœur et mon amour commença par la jalousie. Oui, je ne pus souffrir d'abord[5] de les voir si bien ensemble ;

---

1. *Ses appas* : ses charmes.
2. *Commandeur* : dans les ordres militaires, chevalier récompensé de ses services par un bien ecclésiastique appelé commanderie.
3. *J'ai eu ma grâce de cette affaire* : le prince a levé la sanction que j'avais encourue par ce duel.
4. *Amants* : amoureux.
5. *D'abord* : dès le début.

le dépit alarma mes désirs[1], et je me figurai un plaisir extrême
à pouvoir troubler leur intelligence, et rompre cet attachement,
160 dont la délicatesse[2] de mon cœur se tenait offensée ; mais
jusques ici tous mes efforts ont été inutiles, et j'ai recours au
dernier remède. Cet époux prétendu[3] doit aujourd'hui régaler
sa maîtresse d'une promenade sur mer. Sans t'en avoir rien
dit, toutes choses sont préparées pour satisfaire mon amour,
165 et j'ai une petite barque et des gens, avec quoi fort facilement
je prétends enlever la belle.

SGANARELLE.   Ha ! Monsieur...

DOM JUAN.   Hen ?

SGANARELLE.   C'est fort bien à vous, et vous le prenez
170 comme il faut. Il n'est rien tel en ce monde que de se
contenter.

DOM JUAN.   Prépare-toi donc à venir avec moi, et prends
soin toi-même d'apporter toutes mes armes, afin que... Ah !
rencontre fâcheuse. Traître, tu ne m'avais pas dit qu'elle était
175 ici elle-même.

SGANARELLE.   Monsieur, vous ne me l'avez pas demandé.

DOM JUAN.   Est-elle folle, de n'avoir pas changé d'habit, et
de venir en ce lieu-ci avec son équipage[4] de campagne ?

---

1. *Alarma mes désirs* : éveilla mes désirs.
2. *Délicatesse* : susceptibilité.
3. *Cet époux prétendu* : ce futur époux.
4. *Équipage* : vêtement.

Acte I Scène 2

LES RELATIONS MAÎTRE-VALET

1. Dom Juan accepte-t-il le dialogue avec son valet ? Montrez qu'il le provoque tout en y posant certaines limites.

2. Comparez la façon dont Sganarelle parle ici à son maître avec celle dont il parlait de lui à la scène précédente. En quoi ce décalage est-il source de comique ?

3. Qu'est-ce qui empêche Sganarelle de vivre comme Dom Juan ? Est-ce simplement une désapprobation morale ? Sur quel sentiment repose cette morale de Sganarelle ?

DOM JUAN EXPLIQUÉ PAR LUI-MÊME

4. Le personnage qui donne son nom à la pièce apparaît sur la scène : confirme-t-il ce qui a été dit de lui auparavant ?

5. L'apologie de l'infidélité (l. 40 à 81) : montrez que Dom Juan parle de la fidélité en amour comme d'une entrée en religion. Dégagez les deux éléments — l'un, passif, et l'autre, actif — qui composent le donjuanisme. L'infidélité est considérée comme une vertu : laquelle ? En quoi le personnage de Dom Juan se rapproche-t-il et se différencie-t-il de celui d'Agnès, qui demande dans *l'École des femmes* : « le moyen de chasser ce qui fait du plaisir » (v. 1527) ? Quelle peut être la résonance comique de la comparaison avec Alexandre ?

6. Qu'est-ce qui, aux yeux de la religion, fait de Dom Juan un sacrilège ? Mettez en évidence, dans sa deuxième tirade (l. 147 à 166), l'aspect pervers et l'aspect violent de ses entreprises amoureuses, présentées jusqu'alors sous le signe rassurant de la nature et de la douceur.

LA DRAMATURGIE

7. Quel élément d'information capital vient compléter ce que la première scène nous avait appris du passé ?

8. Quel lien avec l'unité de lieu (voir p. 173) a la mention de Dom Juan comme « le plus grand coureur du monde » ?

9. Relevez toutes les annonces du dénouement. L'allusion à Alexandre, en particulier, n'est-elle pas une prophétie voilée ?

SCÈNE 3. DONE ELVIRE, DOM JUAN, SGANARELLE.

DONE ELVIRE.   Me ferez-vous la grâce, Dom Juan, de vouloir bien me reconnaître ? et puis-je au moins espérer que vous daigniez tourner le visage de ce côté ?

DOM JUAN.   Madame, je vous avoue que je suis surpris, et
5 que je ne vous attendais pas ici.

DONE ELVIRE.   Oui, je vois bien que vous ne m'y attendiez pas ; et vous êtes surpris, à la vérité, mais tout autrement que je ne l'espérais ; et la manière dont vous le paraissez me persuade pleinement ce que je refusais de croire. J'admire ma
10 simplicité[1] et la faiblesse de mon cœur à douter d'une trahison que tant d'apparences me confirmaient. J'ai été assez bonne, je le confesse, ou plutôt assez sotte pour me vouloir tromper moi-même, et travailler à démentir mes yeux et mon jugement. J'ai cherché des raisons pour excuser à ma tendresse[2] le
15 relâchement d'amitié[3] qu'elle voyait en vous ; et je me suis forgé[4] exprès cent sujets légitimes d'un départ si précipité, pour vous justifier du crime dont ma raison vous accusait. Mes justes soupçons chaque jour avaient beau me parler : j'en rejetais la voix qui vous rendait criminel à mes yeux, et
20 j'écoutais avec plaisir mille chimères ridicules qui vous peignaient innocent à mon cœur. Mais enfin cet abord[5] ne me permet plus de douter, et le coup d'œil qui m'a reçue m'apprend bien plus de choses que je ne voudrais en savoir. Je serai bien aise pourtant d'ouïr de votre bouche les raisons

---

1. *J'admire ma simplicité* : je m'étonne de ma naïveté.
2. *Pour excuser à ma tendresse* : pour que ma tendresse puisse excuser.
3. *Amitié* : amour.
4. *Je me suis forgé* : j'ai imaginé.
5. *Cet abord* : la façon dont vous m'accueillez.

25 de votre départ. Parlez, Dom Juan, je vous prie, et voyons
de quel air vous saurez vous justifier !

DOM JUAN.   Madame, voilà Sganarelle qui sait pourquoi je
suis parti.

SGANARELLE.   Moi, Monsieur ? Je n'en sais rien, s'il vous
30 plaît.

DONE ELVIRE.   Hé bien ! Sganarelle, parlez. Il n'importe de
quelle bouche j'entende ces raisons.

DOM JUAN, *faisant signe d'approcher à Sganarelle*.   Allons,
parle donc à Madame.

35 SGANARELLE.   Que voulez-vous que je dise ?

DONE ELVIRE.   Approchez, puisqu'on le veut ainsi, et me
dites un peu les causes d'un départ si prompt.

DOM JUAN.   Tu ne répondras pas ?

SGANARELLE.   Je n'ai rien à répondre. Vous vous moquez
40 de votre serviteur.

DOM JUAN.   Veux-tu répondre, te dis-je ?

SGANARELLE.   Madame...

DONE ELVIRE.   Quoi ?

SGANARELLE, *se retournant vers son maître*.   Monsieur...

45 DOM JUAN.   Si...

SGANARELLE.   Madame, les conquérants, Alexandre et les
autres mondes sont causes de notre départ. Voilà, Monsieur,
tout ce que je puis dire.

DONE ELVIRE.   Vous plaît-il, Dom Juan, nous éclaircir ces
50 beaux mystères ?

DOM JUAN.   Madame, à vous dire la vérité...

DONE ELVIRE.   Ah ! que vous savez mal vous défendre
pour un homme de cour, et qui doit être accoutumé à ces
sortes de choses ! J'ai pitié de vous voir la confusion que
55 vous avez. Que ne vous armez-vous le front[1] d'une noble

---

1. *Que ne ... front :* que ne faites-vous paraître sur votre visage.

effronterie ? Que ne me jurez-vous que vous êtes toujours dans les mêmes sentiments pour moi, que vous m'aimez toujours avec une ardeur sans égale, et que rien n'est capable de vous détacher de moi que[1] la mort ? Que ne me dites-
60 vous que des affaires de la dernière conséquence[2] vous ont obligé à partir sans m'en donner avis ; qu'il faut que, malgré vous, vous demeuriez ici quelque temps, et que je n'ai qu'à m'en retourner d'où je viens, assurée que vous suivrez mes pas le plus tôt qu'il vous sera possible ; qu'il est certain que
65 vous brûlez de me rejoindre, et qu'éloigné de moi, vous souffrez ce que souffre un corps qui est séparé de son âme ? Voilà comme il faut vous défendre, et non pas être interdit comme vous êtes.

DOM JUAN. Je vous avoue, Madame, que je n'ai point le
70 talent de dissimuler, et que je porte un cœur sincère. Je ne vous dirai point que je suis toujours dans les mêmes sentiments pour vous, et que je brûle de vous rejoindre, puisque enfin il est assuré que je ne suis parti que pour vous fuir ; non point par les raisons que vous pouvez vous figurer, mais par un
75 pur motif de conscience[3], et pour ne croire pas[4] qu'avec vous davantage je puisse vivre sans péché. Il m'est venu des scrupules, Madame, et j'ai ouvert les yeux de l'âme sur ce que je faisais. J'ai fait réflexion que, pour vous épouser, je vous ai dérobée à la clôture d'un couvent[5], que vous avez
80 rompu des vœux qui vous engageaient autre part[6], et que le Ciel est fort jaloux de ces sortes de choses. Le repentir m'a pris, et j'ai craint le courroux céleste ; j'ai cru que notre

---

1. *Que* : sinon.
2. *De la dernière conséquence* : de la plus grande importance.
3. *Motif de conscience* : scrupule, mauvaise conscience.
4. *Pour ne croire pas* : parce que je ne crois pas.
5. *Clôture d'un couvent* : enceinte que les religieux (ou les religieuses) promettent de ne pas franchir.
6. *Autre part* : c'est-à-dire avec Dieu.

Donna Elvira (Lorraine Hunt) dans *Don Giovanni* de Mozart.
Opéra mis en scène par Peter Sellars.
Maison de la culture 93, Bobigny, 1989.

mariage n'était qu'un adultère déguisé, qu'il nous attirerait quelque disgrâce[1] d'en haut, et qu'enfin je devais tâcher de
85 vous oublier, et vous donner moyen de retourner à vos premières chaînes[2]. Voudriez-vous, Madame, vous opposer à une si sainte pensée, et que j'allasse, en vous retenant, me mettre le Ciel sur les bras, que par... ?

DONE ELVIRE.   Ah ! scélérat, c'est maintenant que je te
90 connais tout entier ; et pour mon malheur, je te connais lorsqu'il n'en est plus temps, et qu'une telle connaissance ne peut plus me servir qu'à me désespérer. Mais sache que ton crime ne demeurera pas impuni, et que le même Ciel dont tu te joues me saura venger de ta perfidie.

95 DOM JUAN.   Sganarelle, le Ciel !

SGANARELLE.   Vraiment oui, nous nous moquons bien de cela, nous autres.

DOM JUAN.   Madame...

DONE ELVIRE.   Il suffit. Je n'en veux pas ouïr davantage,
100 et je m'accuse même d'en avoir trop entendu. C'est une lâcheté que de se faire expliquer trop sa honte ; et, sur de tels sujets, un noble cœur, au premier mot, doit prendre son parti. N'attends pas que j'éclate ici en reproches et en injures : non, non, je n'ai point un courroux à exhaler en
105 paroles vaines, et toute sa chaleur se réserve pour sa vengeance. Je te le dis encore, le Ciel te punira, perfide, de l'outrage que tu me fais ; et si le Ciel n'a rien que tu puisses appréhender, appréhende du moins la colère d'une femme offensée.

SGANARELLE.   Si le remords le pouvait prendre !

110 DOM JUAN, *après une petite réflexion*.   Allons songer à l'exécution de notre entreprise amoureuse.

SGANARELLE.   Ah ! quel abominable maître me vois-je obligé de servir !

---

1. *Disgrâce* : malheur.
2. *Vos premières chaînes* : vos précédents engagements (de religieuse).

Acte I Scène 3

LE DUEL

1. La femme séduite et abandonnée : l'arrivée d'Elvire vous surprend-elle autant que Dom Juan ? Comparez sa conception de l'amour à celle que Dom Juan exposait à la scène 2. Sont-elles compatibles ? En revanche, des rapprochements ne s'imposent-ils pas sur le plan du style (longueur des phrases, registre de vocabulaire, figures de rhétorique, etc.) ? Justifiez votre réponse en citant le texte.

2. Le pathétique d'Elvire vient de ce qu'elle supplie Dom Juan de lui conserver ses illusions ; lorsqu'il refuse, elle éclate en imprécations (voir p. 171) : dans quel genre dramatique trouve-t-on habituellement le passage du « vous » au « tu » (ici, l. 68 et 89) ?

3. Le séducteur se dérobe face à sa responsabilité. Est-ce la première fois ? Quels sont les signes, dans son attitude physique et surtout dans son attitude face au langage, qui trahissent son embarras ?

4. Loin de conserver l'image brillante que la scène précédente avait donnée de lui, Dom Juan se rabaisse dans sa dernière tirade (l. 69 à 88) au niveau d'un personnage méprisable du théâtre de Molière : lequel ?

LE TRAGIQUE ESQUIVÉ

5. Le dramaturge esquive le tragique, comme Dom Juan esquive l'attaque d'Elvire : en poussant en avant Sganarelle. En quoi cette situation est-elle objectivement comique ? Pourquoi les lignes 45 à 48 font-elles rire ? Prenez Sganarelle en flagrant délit de double langage.

Ensemble de l'acte I

LE COUPLE CENTRAL DOM JUAN-SGANARELLE

1. Montrez que chacun des deux personnages est double et que sont doubles aussi les rapports de chacun avec l'autre : enjouement et cynisme de la part du maître, scandale et fascination chez le valet. Répondez en vous aidant d'exemples précis tirés du texte.

ÉVOLUTION DE L'ACTION

2. L'action se termine sur deux suspenses symétriques : précisez la menace que Dom Juan fait peser sur autrui et celle qui pèse sur lui.
La seconde menace ne vise que son second « crime » (voir sc. 3, l. 93-94) : n'y en a-t-il pas un premier qui exige aussi que le coupable soit châtié ?

Acte II

La scène se passe à la campagne, au bord de la mer, et non loin de la ville.

SCÈNE PREMIÈRE. CHARLOTTE, PIERROT.

CHARLOTTE.   Nostre-dinse[1], Piarrot, tu t'es trouvé-là bien à point.

PIERROT.   Parquienne[2], il ne s'en est pas falu l'époisseur d'une éplinque, qu'ils ne se sayant nayez tous deux.

5 CHARLOTTE.   C'est donc le coup de vent da matin qui les avoit ranvarsez dans la mar.

PIERROT.   Aga guien[3], Charlotte, je m'en vas te conter tout fin drait comme cela est venu : car, comme dit l'autre, je les ay le premier avisez[4], avisez le premier je les ay. Enfin donc, 10 j'estions sur le bord de la mar, moy et le gros Lucas, et je nous amusions à batifoler avec des mottes de tarre que je nous jesquions à la teste : car comme tu sçais bian, le gros Lucas aime à batifoler, et moy par fouas je batifole itou. En batifolant donc, pisque batifoler y a, j'ay apparceu de tout 15 loin queuque chose qui groüilloit dans gliau, et qui venoit

---

1. *Nostre-dinse* : Notre-Dame (Marie, mère de Jésus-Christ).
2. *Parquienne* : juron signifiant « par Dieu ». Sur ce modèle ou un modèle analogue, on trouve plus loin *pal sanquienne* (« par le sang de Dieu »), *morquenne* (« par la mort de Dieu »), *jergniguenne* (« je renie Dieu »), *testiguienne* (« par la tête de Dieu »), *ventrequenne* (« par le ventre de Dieu »).
3. *Aga guien* : regarde, tiens.
4. *Avisez* : aperçus.

45

comme envars nous par secousse. Je voyois cela fixiblement,
et pis tout d'un coup je voyois que je ne voyois plus rien.
Eh, Lucas, çay-je fait, je pense que ula des hommes qui
nageant là-bas. Voire, ce ma til fait, t'as esté au trépassement
20 d'un chat, tas la veüe trouble. Pal sanquienne, çay-je fait, je
n'ay point la veüe trouble, ce sont des hommes. Point du
tout, ce ma til fait, t'as la barluë. Veux-tu gager, çay-je fait,
que je n'ay point la barluë, çay-je fait, et que sont deux
hommes, çay-je fait, qui nageant droit icy, çay-je fait.
25 Morquenne, ce ma til fait, je gage que non. Ô çà, çay-je fait,
veux tu gager dix sols que si ? Je le veux bian, ce ma til fait,
et pour te montrer, ula argent su jeu, ce ma til fait. Moy, je
n'ay point esté ny fou, ny estourdy, j'ay bravement bouté[1] à
tarre quatre pieces tapées[2], et cinq sols en doubles[3], jergniguenne
30 aussi hardiment que si j'avois avalé un varre de vin : car je
ses hazardeux moy, et je vas à la debandade[4]. Je sçavois bian
ce que je faisois pourtant, queuque gniais[5] ! Enfin donc, je
n'avons pas putost eü gagé que javon veu les deux hommes
tout à plain qui nous faisiant signe de les aller querir, et moy
35 de tirer auparavant les enjeux. Allons, Lucas, çay-je dit, tu
vois bian qu'ils nous appellont : allons viste à leu secours.
Non, ce ma til dit, ils m'ont fait pardre. Ô donc tanquia, qua
la par fin pour le faire court, je l'ay tant sarmonné, que je
nous sommes boutez dans une barque, et pis j'avons tant fait
40 cahin, caha, que je les avons tirez de gliau, et pis je les avons
menez cheux nous auprés du feu, et pis ils se sant depoüillez

---

1. *Bouté* : mis.
2. *Pieces tapées* : pièces marquées d'une fleur de lys, ce qui en
augmente la valeur. Ces quatre pièces représentent la moitié de l'enjeu.
3. *Cinq sols en doubles* : cinq sols payés en doubles. Le double est
une monnaie valant seulement le sixième du sol : Pierrot a dû aligner
trente pièces pour cette seconde moitié de l'enjeu.
4. *À la debandade* : sans réflexion, tête baissée.
5. *Queuque gniais* : à ma place, un sot aurait perdu le pari.

tous nuds pour se secher, et pis il y en est venu encor deux
de la mesme bande qui sequiant sauvez tout seuls, et pis
Maturine est arrivée là à qui l'en a fait les doux yeux. Vla
45 justement, Charlotte, comme tout ça s'est fait.

CHARLOTTE.   Ne m'as-tu pas dit, Piarrot, qu'il y en a un
qu'est bien pû mieux fait que les autres.

PIERROT.   Oüy, c'est le Maître, il faut que ce soit queuque
gros gros Monsieur, car il a du dor à son habit tout de pis
50 le haut jusqu'en bas, et ceux qui le servont sont des Monsieux
eux-mesme, et stapandant, tout gros Monsieur qu'il est, il
seroit par ma fique[1] nayé si je n'aviomme esté là.

CHARLOTTE.   Ardez[2] un peu.

PIERROT.   Ô parquenne, sans nous, il en avoit pour sa maine
55 de féves[3].

CHARLOTTE.   Est-il encore cheux toy tout nu, Piarrot ?

PIERROT.   Nannain, ils l'avont r'habillé tout devant nous.
Mon quieu, je n'en avois jamais veu s'habiller, que d'histoires
et d'angigorniaux[4] boutont ces Messieus-là les Courtisans, je
60 me pardrois là dedans pour moy, et j'estois tout ebobi de voir
ça. Quien, Charlotte, ils avont des cheveux qui ne tenont
point à leu teste, et ils boutont ça après tout comme un gros
bonnet de filace. Ils ant des chemises qui ant des manches
où j'entrerions tout brandis[5] toy et moy. En glieu d'haut de
65 chausse[6], ils portont un garderobe[7] aussi large que d'icy à

---

1. *Par ma fique* : par ma foi. Plus loin, on aura : « par ma fy ».
2. *Ardez* : regardez.
3. *Il en avoit ... féves* : il en avait pour sa marchandise (la « mine »,
dont Pierrot déforme la prononciation, étant une mesure pour les
graines). En d'autres termes : il avait son compte.
4. *Angigorniaux* : ornements compliqués et bizarres, fanfreluches.
5. *Brandis* : droits (comme une épée).
6. *Haut de chausse* : partie de l'habillement masculin allant de la
ceinture aux genoux.
7. *Garderobe* : tablier.

47

Pasque, en glieu de pourpoint[1], de petites brassieres, qui ne leu venont pas usqu'au brichet[2], et en glieu de rabas[3] un grand mouchoir de cou à reziau[4] aveuc quatre grosses houpes de linge qui leu pendent sur l'estomaque. Ils avont itou
70 d'autres petits rabats au bout des bras, et de grands entonnois de passement[5] aux jambes, et parmy tout ça tant de rubans, tant de rubans, que c'est une vraye piquié. Ignia pas jusqu'aux souliers qui n'en soient farcis tout de pis un bout jusqu'à l'autre, et ils sont faits d'eune façon que je me rompois le
75 cou aveuc.

CHARLOTTE.   Par ma fy, Piarrot, il faut que j'aille voir un peu ça.

PIERROT.   Ô acoute un peu auparavant, Charlotte, j'ay queuque autre chose à te dire, moy.

80 CHARLOTTE.   Et bian, dy, qu'est-ce que c'est ?

PIERROT.   Vois-tu, Charlotte, il faut, comme dit l'autre, que je débonde mon cœur. Je t'aime, tu le sçais bian, et je somme pour estre mariez ensemble, mais marquenne, je ne suis point satisfait de toy.

85 CHARLOTTE.   Quement ? qu'est-ce que c'est donc qu'iglia ?

PIERROT.   Iglia que tu me chagraignes l'esprit franchement.

CHARLOTTE.   Et quement donc ?

PIERROT.   Testiguienne, tu ne m'aimes point.

CHARLOTTE.   Ah, ah, n'est-ce que ça ?

90 PIERROT.   Oüy, ce n'est que ça, et c'est bian assez.

---

1. *Pourpoint* : partie de l'habillement masculin qui couvre le corps depuis le cou jusqu'à la ceinture.
2. *De petites brassieres ... brichet* : des chemisettes de femme qui s'arrêtent au sternum.
3. *Rabas* : col.
4. *Mouchoir de cou à reziau* : collet de dentelles (« reziau » est mis pour « réseau »).
5. *Passement* : dentelle.

CHARLOTTE. Mon quieu, Piarrot, tu me viens toujou dire la mesme chose.

PIERROT. Je te dis toujou la mesme chose, parce que c'est toujou la mesme chose, et si ce n'estoit pas toujou la mesme
95 chose, je ne te dirois pas toujou la mesme chose.

CHARLOTTE. Mais, qu'est-ce qu'il te faut ? que veux-tu ?

PIERROT. Jerniquenne, je veux que tu m'aimes.

CHARLOTTE. Est-ce que je ne t'aime pas ?

PIERROT. Non, tu ne m'aimes pas, et si[1] je fais tout ce que
00 je pis pour ça. Je tachete, sans reproche, des rubans à tous les marciers qui passent, je me romps le cou à t'aller denicher des marles, je fais joüer pour toy les vielleux[2] quand ce vient ta feste, et tout ça comme si je me frapois la teste contre un mur. Vois-tu, ça n'est ny biau ny honneste de n'aimer pas
05 les gens qui nous aimont.

CHARLOTTE. Mais, mon guieu, je t'aime aussi.

PIERROT. Oüy, tu m'aimes dune belle deguaine[3].

CHARLOTTE. Quement veux-tu donc qu'on fasse ?

PIERROT. Je veux que l'en fasse comme l'en fait quand l'en
10 aime comme il faut.

CHARLOTTE. Ne t'aimay-je pas aussi comme il faut ?

PIERROT. Non, quand ça est, ça se void, et l'en fait mille petites singeries aux personnes quand on les aime du bon du cœur. Regarde la grosse Thomasse comme elle est assotée[4]
15 du jeune Robain, alle est toujou autour de ly à l'agacer, et ne le laisse jamais en repos. Toujou al ly fait queuque niche, ou ly baille[5] quelque taloche en passant, et l'autre jour qu'il

---

1. *Et si* : et pourtant.
2. *Vielleux* : musiciens qui jouent de la vielle.
3. *Deguaine* : façon.
4. *Assotée* : follement amoureuse.
5. *Baille* : donne.

estoit assis sur un escabiau, al fut le tirer de dessous ly, et
le fit choir tout de son long par tarre. Jarny vla où l'en voit
120 les gens qui aimont, mais toy, tu ne me dis jamais mot, t'es
toujou là comme eune vraye souche de bois, et je passerois
vingt fois devant toy que tu ne te groüillerois pas pour me
bailler le moindre coup, ou me dire la moindre chose.
Ventrequenne, ça n'est pas bian, aprés tout, et t'es trop froide
125 pour les gens.

CHARLOTTE.   Que veux-tu que j'y fasse ? c'est mon himeur,
et je ne me pis refondre.

PIERROT.   Ignia himeur qui quienne, quand en a de l'amiquié
pour les personnes, l'an en baille toujou queuque petite
130 signifiance.

CHARLOTTE.   Enfin, je t'aime tout autant que je pis, et si
tu n'es pas content de ça, tu n'as qu'à en aimer queuquautre.

PIERROT.   Eh bien, vla pas mon conte[1] ? Testigué, si tu
m'aimois, me dirois-tu ça ?

135 CHARLOTTE.   Pourquoy me viens-tu aussi tarabuster
l'esprit ?

PIERROT.   Morqué, queu mal te fais-je ? je ne te demande
qu'un peu d'amiquié.

CHARLOTTE.   Et bian, laisse faire aussi, et ne me presse
140 point tant, peut-estre que ça viendra tout d'un coup sans y
songer.

PIERROT.   Touche donc là[2], Charlotte.

CHARLOTTE.   Et bien, quien.

PIERROT.   Promets-moy donc que tu tâcheras de m'aimer
145 davantage.

---

1. *Mon conte :* mon compte.
2. *Touche donc là :* serre-moi la main (en signe d'accord). On dit
aussi « tope là ».

CHARLOTTE. J'y feray tout ce que je pourray, mais il faut que ça vienne de luy-mesme. Piarrot, est-ce là ce Monsieur ?

PIERROT. Oüy, le ula.

CHARLOTTE. Ah, mon quieu, qu'il est genty[1], et que ç'auroit esté dommage qu'il eust été nayé.

PIERROT. Je revians tout à l'heure[2], je m'en vas boire chopaine, pour me rebouter tant soit peu de la fatigue, que j'ays eüe.

---

1. *Qu'il est genty* : qu'il a noble allure.
2. *Tout à l'heure* : tout de suite.

Acte II Scène 1

LE RÉCIT DU SAUVETAGE

1. Reliez les événements décrits au projet de Dom Juan tel qu'il est annoncé à la fin de l'acte I, scène 2. À quel moment de la journée la scène se déroule-t-elle ? En quoi la règle classique de l'unité de lieu est-elle outrepassée ? L'action cependant se situe toujours dans le même pays : lequel ?

2. Quels sont les deux éléments qui concourent à faire du langage paysan un langage comique (pour son aspect technique, voyez dans les annexes la rubrique Les styles de *Dom Juan*, p. 152) ? Comment Molière s'y est-il pris pour que les paroles de Pierrot restent compréhensibles au spectateur ?

3. Pourquoi peut-on parler d'humour noir, au sujet de la première tirade de Pierrot racontant le sauvetage (l. 7 à 45) ? Quelle est la place que se donne dans le récit celui qui le rapporte ? Ce récit crée-t-il l'effet escompté par Pierrot ? Définissez, à partir de la deuxième tirade (l. 57 à 75), le procédé comique du dépaysement — employé aussi par La Bruyère à propos des courtisans (*les Caractères*, chapitre « De la Cour », remarque 74).

LE DÉPIT AMOUREUX

4. La scène prend une autre direction à la ligne 78-79 (« J'ay queuque autre chose à te dire, moy ») : en quoi pourtant ce deuxième mouvement prépare-t-il, à l'instar du premier, la scène suivante ?

5. Pierrot se plaint de n'être pas aimé : est-il le premier personnage de la pièce à s'en affliger ? Montrez que l'on assiste ici à une version parodique (voir p. 172) des procédés de l'amour romanesque présentés dans l'acte I. Comparez, par exemple, les manifestations d'amour chez les paysans (l. 99 à 125) et chez les mondains (acte I, sc. 1, l. 45 à 52 ; acte I, sc. 2, l. 162-163). Dans la conception même de l'amour, Pierrot est à l'opposé de Dom Juan : vérifiez-le sur les questions de la réciprocité (l. 103 à 105), de la fidélité (l. 132 à 134), des obstacles rencontrés chez la personne aimée (l. 124-125) ; à rapprocher de l'acte I, sc. 1, l. 73-74).

SCÈNE 2. DOM JUAN, SGANARELLE, CHARLOTTE.

DOM JUAN.   Nous avons manqué notre coup, Sganarelle, et cette bourrasque imprévue a renversé avec notre barque le projet que nous avions fait ; mais, à te dire vrai, la paysanne que je viens de quitter répare ce malheur, et je lui ai trouvé des charmes qui effacent de mon esprit tout le chagrin que me donnait le mauvais succès[1] de notre entreprise. Il ne faut pas que ce cœur m'échappe, et j'y ai déjà jeté des dispositions à ne pas me souffrir longtemps de pousser des soupirs[2].

SGANARELLE.   Monsieur, j'avoue que vous m'étonnez. À peine sommes-nous échappés d'un péril de mort qu'au lieu de rendre grâce au Ciel de la pitié qu'il a daigné prendre de nous, vous travaillez tout de nouveau à attirer sa colère par vos fantaisies accoutumées et vos amours cr...[3]. Paix ! coquin que vous êtes ; vous ne savez ce que vous dites, et Monsieur sait ce qu'il fait. Allons.

DOM JUAN, *apercevant Charlotte*.   Ah ! ah ! d'où sort cette autre paysanne, Sganarelle ? As-tu rien vu de plus joli ? et ne trouves-tu pas, dis-moi, que celle-ci vaut bien l'autre ?

SGANARELLE.   Assurément. Autre pièce[4] nouvelle.

DOM JUAN.   D'où me vient, la belle, une rencontre si agréable ? Quoi ? dans ces lieux champêtres, parmi ces arbres et ces rochers, on trouve des personnes faites comme vous êtes ?

CHARLOTTE.   Vous voyez, Monsieur.

---

1. *Succès* : issue, résultat.
2. *Ne pas me souffrir ... soupirs* : ne pas me laisser longtemps soupirer en vain.
3. *Cr...* : criminelles.
4. *Pièce* : mauvais tour, tromperie.

25 DOM JUAN.   Êtes-vous de ce village ?

CHARLOTTE.   Oui, Monsieur.

DOM JUAN.   Et vous y demeurez ?

CHARLOTTE.   Oui, Monsieur.

DOM JUAN.   Vous vous appelez ?

30 CHARLOTTE.   Charlotte, pour vous servir.

DOM JUAN.   Ah ! la belle personne, et que ses yeux sont pénétrants !

CHARLOTTE.   Monsieur, vous me rendez toute honteuse.

DOM JUAN.   Ah ! n'ayez point de honte d'entendre dire
35 vos vérités. Sganarelle, qu'en dis-tu ? Peut-on rien voir de plus agréable ? Tournez-vous un peu, s'il vous plaît. Ah ! que cette taille est jolie ! Haussez un peu la tête, de grâce. Ah ! que ce visage est mignon ! Ouvrez vos yeux entièrement. Ah ! qu'ils sont beaux ! Que je voie un peu vos dents, je vous
40 prie. Ah ! qu'elles sont amoureuses, et ces lèvres appétissantes ! Pour moi, je suis ravi, et je n'ai jamais vu une si charmante personne.

CHARLOTTE.   Monsieur, cela vous plaît à dire, et je ne sais pas si c'est pour vous railler de moi.

45 DOM JUAN.   Moi, me railler de vous ? Dieu m'en garde ! Je vous aime trop pour cela, et c'est du fond du cœur que je vous parle.

CHARLOTTE.   Je vous suis bien obligée, si ça est.

DOM JUAN.   Point du tout ; vous ne m'êtes point obligée
50 de tout ce que je dis, et ce n'est qu'à votre beauté que vous en êtes redevable.

CHARLOTTE.   Monsieur, tout ça est trop bien dit pour moi, et je n'ai pas d'esprit pour vous répondre.

DOM JUAN.   Sganarelle, regarde un peu ses mains.

55 CHARLOTTE.   Fi ! Monsieur, elles sont noires comme je ne sais quoi.

DOM JUAN.   Ha ! que dites-vous là ? Elles sont les plus

54

belles du monde ; souffrez que je les baise, je vous prie.

CHARLOTTE.   Monsieur, c'est trop d'honneur que vous me
60 faites, et si j'avais su ça tantôt, je n'aurais pas manqué de les
laver avec du son.

DOM JUAN.   Et dites-moi un peu, belle Charlotte, vous
n'êtes pas mariée sans doute ?

CHARLOTTE.   Non, Monsieur : mais je dois bientôt l'être
65 avec Piarrot, le fils de la voisine Simonette.

DOM JUAN.   Quoi ? une personne comme vous serait la
femme d'un simple paysan ! Non, non : c'est profaner tant
de beautés, et vous n'êtes pas née pour demeurer dans un

Dom Juan (Gérard Desarthe) et Charlotte (Cathy Bodet).
Mise en scène de Roger Planchon.
Théâtre de l'Odéon, 1980.

village. Vous méritez sans doute une meilleure fortune[1], et le
70 Ciel, qui le connaît bien[2], m'a conduit ici tout exprès pour
empêcher ce mariage, et rendre justice à vos charmes ; car
enfin, belle Charlotte, je vous aime de tout mon cœur, et il
ne tiendra qu'à vous que je vous arrache de ce misérable lieu,
et ne vous mette dans l'état où vous méritez d'être. Cet
75 amour est bien prompt sans doute ; mais quoi ? c'est un
effet, Charlotte, de votre grande beauté, et l'on vous aime
autant en un quart d'heure qu'on ferait une autre[3] en six
mois.

CHARLOTTE.   Aussi vrai, Monsieur, je ne sais comment faire
80 quand vous parlez. Ce que vous dites me fait aise, et j'aurais
toutes les envies du monde de vous croire ; mais on m'a
toujou dit qu'il ne faut jamais croire les monsieux, et que
vous autres courtisans êtes des enjoleus, qui ne songez qu'à
abuser[4] les filles.

85 DOM JUAN.   Je ne suis pas de ces gens-là.

SGANARELLE.   Il n'a garde.

CHARLOTTE.   Voyez-vous, Monsieur, il n'y a pas plaisir à
se laisser abuser. Je suis une pauvre paysanne ; mais j'ai
l'honneur en recommandation[5], et j'aimerais mieux me voir
90 morte que de me voir déshonorée.

DOM JUAN.   Moi, j'aurais l'âme assez méchante pour abuser
une personne comme vous ? Je serais assez lâche pour vous
déshonorer ? Non, non : j'ai trop de conscience pour cela.
Je vous aime, Charlotte, en tout bien et en tout honneur ;
95 et pour vous montrer que je vous dis vrai, sachez que je n'ai

---

1. *Sans doute ... fortune* : sans aucun doute un meilleur sort.
2. *Qui le connaît bien* : qui le sait bien.
3. *Qu'on ferait une autre* : qu'on en aimerait une autre.
4. *Abuser* : séduire, tromper.
5. *J'ai l'honneur en recommandation* : j'attache un grand prix à
l'honneur.

point d'autre dessein que de vous épouser : en voulez-vous un plus grand témoignage ? M'y voilà prêt quand vous voudrez ; et je prends à témoin l'homme que voilà de la parole que je vous donne.

SGANARELLE.   Non, non, ne craignez point : il se mariera avec vous tant que vous voudrez.

DOM JUAN.   Ah ! Charlotte, je vois bien que vous ne me connaissez pas encore. Vous me faites grand tort de juger de moi par les autres ; et s'il y a des fourbes dans le monde, des gens qui ne cherchent qu'à abuser des filles, vous devez me tirer du nombre, et ne pas mettre en doute la sincérité de ma foi[1]. Et puis votre beauté vous assure de tout. Quand on est faite comme vous, on doit être à couvert de toutes ces sortes de crainte ; vous n'avez point l'air, croyez-moi, d'une personne qu'on abuse ; et pour moi, je l'avoue, je me percerais le cœur de mille coups, si j'avais eu la moindre pensée de vous trahir.

CHARLOTTE.   Mon Dieu ! je ne sais si vous dites vrai, ou non ; mais vous faites que l'on vous croit.

DOM JUAN.   Lorsque vous me croirez, vous me rendrez justice assurément, et je vous réitère encore la promesse que je vous ai faite. Ne l'acceptez-vous pas, et ne voulez-vous pas consentir à être ma femme ?

CHARLOTTE.   Oui, pourvu que ma tante le veuille.

DOM JUAN.   Touchez donc là, Charlotte, puisque vous le voulez bien de votre part.

CHARLOTTE.   Mais au moins, Monsieur, ne m'allez pas tromper, je vous prie : il y aurait de la conscience à vous[2], et vous voyez comme j'y vais à la bonne foi[3].

---

1. *Ma foi :* ma parole.
2. *Il y aurait ... à vous :* votre conscience aurait à en répondre.
3. *À la bonne foi :* de bonne foi.

125 DOM JUAN.   Comment ? Il semble que vous doutiez encore
de ma sincérité ! Voulez-vous que je fasse des serments
épouvantables ? Que le Ciel...

CHARLOTTE.   Mon Dieu, ne jurez point, je vous crois.

DOM JUAN.   Donnez-moi donc un petit baiser pour gage
130 de votre parole.

CHARLOTTE.   Oh ! Monsieur, attendez que je soyons mariés,
je vous prie ; après ça, je vous baiserai tant que vous voudrez.

DOM JUAN.   Eh bien ! belle Charlotte, je veux tout ce que
vous voulez ; abandonnez-moi seulement votre main, et
135 souffrez que, par mille baisers, je lui exprime le ravissement
où je suis...

SCÈNE 3.   DOM JUAN, SGANARELLE, PIERROT, CHARLOTTE.

PIERROT, *se mettant entre deux et poussant Dom Juan*.   Tout
doucement, Monsieur, tenez-vous, s'il vous plaît. Vous vous
échauffez trop, et vous pourriez gagner la purésie.

DOM JUAN, *repoussant rudement Pierrot*.   Qui[1] m'amène cet
5 impertinent ?

PIERROT.   Je vous dis qu'ou vous tegniez[2], et qu'ou ne
caressiais point nos accordées[3].

DOM JUAN *continue de le repousser*.   Ah ! que de bruit !

---

1. *Qui :* qu'est-ce qui.
2. *Qu'ou vous tegniez :* de vous (re)tenir. « Ou », « ous », « v's »
signifient « vous ».
3. *Nos accordées :* nos fiancées.

PIERROT.   Jerniquenne ! ce n'est pas comme ça qu'il faut pousser les gens.

CHARLOTTE, *prenant Pierrot par le bras.*   Et laisse-le faire aussi, Piarrot.

PIERROT.   Quement ? que je le laisse faire ? Je ne veux pas, moi.

DOM JUAN.   Ah !

PIERROT.   Testiguenne ! parce qu'ous estes Monsieu, ous viendrez caresser nos femmes à notre barbe ? Allez-v's-en caresser les vôtres.

DOM JUAN.   Heu ?

PIERROT.   Heu. *(Dom Juan lui donne un soufflet.)* Testigué ! ne me frappez pas. *(Autre soufflet.)* Oh ! jernigué ! *(Autre soufflet.)* Ventrequé ! *(Autre soufflet.)* Palsanqué ! Morquenne ! ça n'est pas bian de battre les gens, et ce n'est pas là la récompense de v's avoir sauvé d'estre nayé.

CHARLOTTE.   Piarrot, ne te fâche point.

PIERROT.   Je me veux fâcher ; et t'es une vilainte, toi, d'endurer qu'on te cajole.

CHARLOTTE.   Oh ! Piarrot, ce n'est pas ce que tu penses. Ce Monsieur veut m'épouser, et tu dois pas te bouter en colère.

PIERROT.   Quement ? Jerni ! Tu m'es promise.

CHARLOTTE.   Ça n'y fait rien, Piarrot. Si tu m'aimes ne dois-tu pas estre bien aise que je devienne Madame ?

PIERROT.   Jerniqué ! non. J'aime mieux te voir crevée que de te voir à un autre.

CHARLOTTE.   Va, va, Piarrot, ne te mets point en peine : si je sis Madame, je te ferai gagner queuque chose, et tu apporteras du beurre et du fromage cheux nous.

PIERROT.   Ventrequenne ! je gni en porterai jamais, quand tu m'en poyrais deux fois autant. Est-ce donc comme ça que t'écoutes ce qu'il te dit ? Morquenne ! si j'avais su ça tantost, je me serais bian gardé de le tirer de gliau, et je gli aurais baillé un bon coup d'aviron sur la teste.

DOM JUAN, *s'approchant de Pierrot pour le frapper.* Qu'est-ce 45 que vous dites ?

PIERROT, *s'éloignant derrière Charlotte.* Jerniquenne ! je ne crains personne.

DOM JUAN *passe du côté où est Pierrot.* Attendez-moi un peu.

PIERROT *repasse de l'autre côté de Charlotte.* Je me moque de 50 tout, moi.

DOM JUAN *court après Pierrot.* Voyons cela.

PIERROT *se sauve encore derrière Charlotte.* J'en avons bien vu d'autres.

DOM JUAN. Houais !

55 SGANARELLE. Eh ! Monsieur, laissez là ce pauvre misérable. C'est conscience de le battre. Écoute, mon pauvre garçon, retire-toi, et ne lui dis rien.

PIERROT *passe devant Sganarelle, et dit fièrement à Dom Juan.* Je veux lui dire, moi.

60 DOM JUAN *lève la main pour donner un soufflet à Pierrot, qui baisse la tête et Sganarelle reçoit le soufflet.* Ah ! je vous apprendrai.

SGANARELLE, *regardant Pierrot qui s'est baissé pour éviter le soufflet.* Peste soit du maroufle[1] !

65 DOM JUAN. Te voilà payé de ta charité.

PIERROT. Jarni ! je vas dire à sa tante tout ce ménage-ci[2].

DOM JUAN. Enfin je m'en vais être le plus heureux de tous les hommes, et je ne changerais pas mon bonheur à[3] toutes les choses du monde. Que de plaisirs quand vous serez ma 70 femme ! et que...

---

1. *Maroufle* : homme grossier, rustre.
2. *Ce ménage-ci* : cette affaire.
3. *À* : contre.

Acte II Scène 3

LE PAYSAN PATHÉTIQUE

1. Pierrot est au centre de la scène, car c'est à lui que s'adressent les autres personnages. Or, tous se liguent pour l'empêcher de recevoir son dû :

a) en reconnaissance : Pierrot a sauvé de la noyade Dom Juan et Sganarelle ; lui en savent-ils gré ? Analysez la façon qu'a Dom Juan de refuser le dialogue avec lui ; pourquoi, les rares fois qu'il s'adresse à Pierrot, Dom Juan le vouvoie-t-il, alors qu'il tutoie Sganarelle et que Sganarelle tutoie Pierrot ?

b) en amour : le temps d'aller boire une « chopaine », Pierrot a perdu sa fiancée. Une telle désaffection était-elle prévisible ? Qu'est-ce qui, d'après cette scène, a déterminé Charlotte à rompre ses fiançailles et à préférer Dom Juan ?

Comparez la réflexion de Pierrot (« J'aime mieux te voir crevée que de te voir à un autre », l. 34-35) avec ces vers d'Atalide à son « amant » dans la tragédie de Racine : « Et lorsque quelquefois de ma rivale heureuse / Je me représentais l'image douloureuse, / Votre mort (pardonnez aux fureurs des amants) / Ne me paraissait pas le plus grand des tourments » (*Bajazet,* 1672, v. 685 à 688).

LA VICTOIRE DE LA FARCE

2. Montrez que, sur trois plans au moins (la condition sociale, le langage employé et les qualités morales), Pierrot se situe cependant aux antipodes d'un personnage tragique. Au point de vue du langage en particulier, sa seule présence ne modifie-t-elle pas la manière de parler de Charlotte (rapprochez par exemple la ligne 37 de cette scène et la ligne 88 de la scène précédente) ?

3. Le comique de gestes domine la scène avec ses bourrades, ses courses et ses soufflets : Dom Juan n'y laisse-t-il pas une partie de sa dignité ? Pourquoi Pierrot ne réplique-t-il pas aux soufflets de Dom Juan ? Soulignez la valeur comique des propos de Pierrot en train de courir. En quoi le soufflet reçu par Sganarelle rétablit-il partiellement une justice que la scène montre bafouée ? Quelle signification libertine (voir p. 171) accorder au commentaire de son maître ?

SCÈNE 4. DOM JUAN, SGANARELLE, CHARLOTTE, MATHURINE.

SGANARELLE, *apercevant Mathurine.* Ah ! ah !

MATHURINE, *à Dom Juan.* Monsieur, que faites-vous donc là avec Charlotte ? Est-ce que vous lui parlez d'amour aussi ?

DOM JUAN, *à Mathurine.* Non, au contraire, c'est elle qui
5 me témoignait une envie d'être ma femme, et je lui répondais que j'étais engagé à vous.

CHARLOTTE. Qu'est-ce que c'est donc que vous veut Mathurine ?

DOM JUAN, *bas, à Charlotte.* Elle est jalouse de me voir
10 vous parler, et voudrait bien que je l'épousasse ; mais je lui dis que c'est vous que je veux.

MATHURINE. Quoi ? Charlotte...

DOM JUAN, *bas, à Mathurine.* Tout ce que vous lui direz sera inutile ; elle s'est mis cela dans la tête.

15 CHARLOTTE. Quement donc ! Mathurine...

DOM JUAN, *bas, à Charlotte.* C'est en vain que vous lui parlerez ; vous ne lui ôterez point cette fantaisie[1].

MATHURINE. Est-ce que... ?

DOM JUAN, *bas, à Mathurine.* Il n'y a pas moyen de lui
20 faire entendre raison.

CHARLOTTE. Je voudrais...

DOM JUAN, *bas, à Charlotte.* Elle est obstinée comme tous les diables.

MATHURINE. Vramant...

25 DOM JUAN, *bas, à Mathurine.* Ne lui dites rien, c'est une folle.

---

1. *Fantaisie :* illusion.

CHARLOTTE.   Je pense...

DOM JUAN, *bas, à Charlotte*. Laissez-la là, c'est une extravagante.

MATHURINE.   Non, non : il faut que je lui parle.

CHARLOTTE.   Je veux voir un peu ses raisons.

MATHURINE.   Quoi ?...

DOM JUAN, *bas, à Mathurine*.   Je gage qu'elle va vous dire que je lui ai promis de l'épouser.

CHARLOTTE.   Je...

DOM JUAN, *bas, à Charlotte*.   Gageons qu'elle vous soutiendra que je lui ai donné parole de la prendre pour femme.

MATHURINE.   Hola ! Charlotte, ça n'est pas bien de courir sur le marché des autres[1].

CHARLOTTE.   Ça n'est pas honnête, Mathurine, d'être jalouse que Monsieur me parle.

MATHURINE.   C'est moi que Monsieur a vue la première.

CHARLOTTE.   S'il vous a vue la première, il m'a vue la seconde, et m'a promis de m'épouser.

DOM JUAN, *bas, à Mathurine*.   Eh bien ! que vous ai-je dit ?

MATHURINE.   Je vous baise les mains[2], c'est moi, et non pas vous, qu'il a promis d'épouser.

DOM JUAN, *bas, à Charlotte*.   N'ai-je pas deviné ?

CHARLOTTE.   À d'autres, je vous prie ; c'est moi, vous dis-je.

MATHURINE.   Vous vous moquez des gens ; c'est moi, encore un coup.

CHARLOTTE.   Le vlà qui est pour le dire, si je n'ai pas raison.

---

1. *Courir ... autres* : détourner à son profit une bonne affaire que quelqu'un d'autre est sur le point de conclure.
2. *Je vous baise les mains* : je n'en crois rien.

55 MATHURINE.　Le vlà qui est pour me démentir, si je ne dis pas vrai.

CHARLOTTE.　Est-ce, Monsieur, que vous lui avez promis de l'épouser ?

DOM JUAN, *bas, à Charlotte*.　Vous vous raillez de moi.

60 MATHURINE.　Est-il vrai, Monsieur, que vous lui avez donné parole d'être son mari ?

DOM JUAN, *bas, à Mathurine*.　Pouvez-vous avoir cette pensée ?

CHARLOTTE.　Vous voyez qu'al le soutient.

65 DOM JUAN, *bas, à Charlotte*.　Laissez-la faire.

MATHURINE.　Vous êtes témoin comme al l'assure.

DOM JUAN, *bas, à Mathurine*.　Laissez-la dire.

CHARLOTTE.　Non, non : il faut savoir la vérité.

MATHURINE.　Il est question de juger ça.

70 CHARLOTTE.　Oui, Mathurine, je veux que Monsieur vous montre votre bec jaune[1].

MATHURINE.　Oui, Charlotte, je veux que Monsieur vous rende un peu camuse[2].

CHARLOTTE.　Monsieur, vuidez la querelle, s'il vous plaît.

75 MATHURINE.　Mettez-nous d'accord, Monsieur.

CHARLOTTE, *à Mathurine*.　Vous allez voir.

MATHURINE, *à Charlotte*.　Vous allez voir vous-même.

CHARLOTTE, *à Dom Juan*.　Dites.

MATHURINE, *à Dom Juan*.　Parlez.

80 DOM JUAN, *embarrassé, leur dit à toutes deux*.　Que voulez-vous que je dise ? Vous soutenez également toutes deux que je vous ai promis de vous prendre pour femmes. Est-ce que

---

1. *Votre bec jaune* : votre naïveté.
2. *Camuse* : penaude, honteuse, comme quelqu'un qui a eu le nez écrasé (rendu camus) par un coup de poing.

Dom Juan (Michel Piccoli) entouré de Charlotte (Josée Steiner)
et Mathurine (Françoise Caillaud). Adaptation télévisée
réalisée par Marcel Bluwal en 1965.

chacune de vous ne sait pas ce qui en est, sans qu'il soit
nécessaire que je m'explique davantage ? Pourquoi m'obliger
85 là-dessus à des redites ? Celle à qui j'ai promis effectivement
n'a-t-elle pas en elle-même de quoi se moquer des discours
de l'autre, et doit-elle se mettre en peine, pourvu que
j'accomplisse ma promesse ? Tous les discours n'avancent
point les choses ; il faut faire et non pas dire, et les effets
90 décident[1] mieux que les paroles. Aussi n'est-ce rien que par-
là que[2] je vous veux mettre d'accord, et l'on verra, quand je
me marierai, laquelle des deux a mon cœur. *(Bas, à Mathurine.)*
Laissez-lui croire ce qu'elle voudra. *(Bas, à Charlotte.)* Laissez-

---

1. *Les effets décident :* les actes règlent une affaire.
2. *Aussi ... par-là que :* aussi est-ce seulement de cette façon que.

la se flatter dans son imagination. *(Bas, à Mathurine.)* Je vous
95 adore. *(Bas, à Charlotte.)* Je suis tout à vous. *(Bas, à Mathurine.)*
Tous les visages sont laids auprès du vôtre. *(Bas, à Charlotte.)*
On ne peut plus souffrir les autres quand on vous a vue. J'ai
un petit ordre à donner ; je viens vous retrouver dans un
quart d'heure.

100 CHARLOTTE, *à Mathurine.*   Je suis celle qu'il aime, au moins.

MATHURINE.   C'est moi qu'il épousera.

SGANARELLE.   Ah ! pauvres filles que vous êtes, j'ai pitié de
votre innocence, et je ne puis souffrir de vous voir courir à
votre malheur. Croyez-moi l'une et l'autre : ne vous amusez
105 point à tous les contes qu'on vous fait, et demeurez dans
votre village.

DOM JUAN, *revenant.*   Je voudrais bien savoir pourquoi
Sganarelle ne me suit pas.

SGANARELLE.   Mon maître est un fourbe ; il n'a dessein que
110 de vous abuser, et en a bien abusé d'autres ; c'est l'épouseur
du genre humain, et... *(Il aperçoit Dom Juan.)* Cela est faux ;
et quiconque vous dira cela, vous lui devez dire qu'il en a
menti. Mon maître n'est point l'épouseur du genre humain,
il n'est point fourbe, il n'a pas dessein de vous tromper, et
115 n'en a point abusé d'autres. Ah ! tenez, le voilà ; demandez-
le plutôt à lui-même.

DOM JUAN.   Oui.

SGANARELLE.   Monsieur, comme le monde est plein de
médisants, je vais au-devant des choses ; et je leur disais que,
120 si quelqu'un leur venait dire du mal de vous, elles se gardassent
bien de le croire, et ne manquassent pas de lui dire qu'il en
aurait menti.

DOM JUAN.   Sganarelle.

SGANARELLE.   Oui, Monsieur est homme d'honneur, je le
125 garantis tel.

DOM JUAN.   Hon !

SGANARELLE.   Ce sont des impertinents.

SCÈNE 5. DOM JUAN, LA RAMÉE, CHARLOTTE, MATHURINE, SGANARELLE.

LA RAMÉE.   Monsieur, je viens vous avertir qu'il ne fait pas bon ici pour vous.

DOM JUAN.   Comment ?

LA RAMÉE.   Douze hommes à cheval vous cherchent, qui
5 doivent arriver ici dans un moment ; je ne sais pas par quel moyen ils peuvent vous avoir suivi ; mais j'ai appris cette nouvelle d'un paysan qu'ils ont interrogé, et auquel ils vous ont dépeint. L'affaire presse, et le plus tôt que vous pourrez sortir d'ici sera le meilleur.

10 DOM JUAN, *à Charlotte et Mathurine*.   Une affaire pressante m'oblige de partir d'ici ; mais je vous prie de vous ressouvenir de la parole que je vous ai donnée, et de croire que vous aurez de mes nouvelles avant qu'il soit demain au soir. Comme la partie n'est pas égale, il faut user de stratagème,
15 et éluder[1] adroitement le malheur qui me cherche. Je veux que Sganarelle se revête de mes habits, et moi...

SGANARELLE.   Monsieur, vous vous moquez. M'exposer à être tué sous vos habits, et...

DOM JUAN.   Allons vite, c'est trop d'honneur que je vous
20 fais, et bien heureux est le valet qui peut avoir la gloire de mourir pour son maître.

SGANARELLE.   Je vous remercie d'un tel honneur. Ô Ciel, puisqu'il s'agit de mort, fais-moi la grâce de n'être point pris pour un autre !

---

1. *Éluder* : éviter.

Ensemble de l'acte II

L'ÉVOLUTION DES PÉRILS

1. L'acte I se terminait sur la menace que Dom Juan faisait peser sur le couple des fiancés anonymes et sur celle qu'Elvire agitait au-dessus de son volage époux : qu'en est-il à la fin de l'acte II ? Peut-on rattacher à l'acte précédent le danger représenté par les douze cavaliers dont il est question à la scène 5 ?

L'ACTE DE LA SÉDUCTION

2. L'acte II de *Dom Juan*, comme celui du *Tartuffe*, jouit d'une relative autonomie : il est le seul où l'on voit le protagoniste à l'œuvre dans son rôle traditionnel de séducteur. Pourquoi Molière n'a-t-il pas montré la scène où s'opère la séduction de Mathurine ? Étudiez dans la scène 2 la méthode de Dom Juan : sous quelle apparence physique se présente-t-il ? Sur quels sentiments joue-t-il pour conquérir les bonnes grâces de Charlotte ? Quel est son argument massue pour vaincre les derniers scrupules de la jeune paysanne ? Où constate-t-on que Dom Juan traite la femme comme un objet ou un animal ?

3. Dressez le bilan de l'entreprise conquérante de Dom Juan en deux temps : à la fin de la scène 2 et à la fin de la scène 4. Dans cette dernière scène en particulier, que veut empêcher Dom Juan ? Y parvient-il ? Montrez que cette scène progresse inéluctablement en trois étapes qui rendent la situation du séducteur de plus en plus inconfortable. Comment qualifier la sortie de Dom Juan ?

4. Quelles sont dans cet acte les tentatives de Sganarelle pour sauver la morale en danger ? Qu'en pensez-vous ?

LA DÉMYSTIFICATION DU HÉROS ?

5. Commentez l'affirmation de J. Guicharnaud : « Ce deuxième acte est destiné à nous empêcher de prendre Dom Juan au sérieux. » Répertoriez les situations où il apparaît diminué, embarrassé, ou ridiculisé. Sur le plan dramatique, comptez les occasions où le « sort » fait obstacle à l'accomplissement de ses désirs.

Acte III

Le théâtre représente une forêt, proche de la mer, et dans le voisinage de la ville.

SCÈNE PREMIÈRE. DOM JUAN, *en habit de campagne,* SGANARELLE, *en médecin.*

SGANARELLE. Ma foi, Monsieur, avouez que j'ai eu raison, et que nous voilà l'un et l'autre déguisés à merveille. Votre premier dessein n'était point du tout à propos, et ceci nous cache bien mieux que tout ce que vous vouliez faire.

5 DOM JUAN. Il est vrai que te voilà bien, et je ne sais où tu as été déterrer cet attirail ridicule.

SGANARELLE. Oui ? C'est l'habit d'un vieux médecin, qui a été laissé en gage au lieu où je l'ai pris, et il m'en a coûté de l'argent pour l'avoir. Mais savez-vous, Monsieur, que cet 10 habit me met déjà en considération, que je suis salué des gens que je rencontre, et que l'on me vient consulter ainsi qu'un habile homme ?

DOM JUAN. Comment donc ?

SGANARELLE. Cinq ou six paysans et paysannes, en me 15 voyant passer, me sont venus demander mon avis sur différentes maladies.

DOM JUAN. Tu leur as répondu que tu n'y entendais rien ?

SGANARELLE. Moi ? Point du tout. J'ai voulu soutenir 20 l'honneur de mon habit : j'ai raisonné sur le mal, et leur ai fait des ordonnances à chacun.

DOM JUAN. Et quels remèdes encore leur as-tu ordonnés ?

SGANARELLE. Ma foi ! Monsieur, j'en ai pris par où j'en ai

pu attraper ; j'ai fait mes ordonnances à l'aventure, et ce
25 serait une chose plaisante si les malades guérissaient, et qu'on
m'en vînt remercier.

DOM JUAN.   Et pourquoi non ? Par quelle raison n'aurais-
tu pas les mêmes privilèges qu'ont tous les autres médecins ?
Ils n'ont pas plus de part que toi aux guérisons des malades,
30 et tout leur art est pure grimace[1]. Ils ne font rien que recevoir
la gloire des heureux succès, et tu peux profiter comme eux
du bonheur du malade, et voir attribuer à tes remèdes tout
ce qui peut venir des faveurs du hasard et des forces de la
nature.

35 SGANARELLE.   Comment, Monsieur, vous êtes aussi impie
en médecine ?

DOM JUAN.   C'est une des grandes erreurs qui soit parmi
les hommes.

SGANARELLE.   Quoi ? vous ne croyez pas au séné, ni à la
40 casse, ni au vin émétique[2] ?

DOM JUAN.   Et pourquoi veux-tu que j'y croie ?

SGANARELLE.   Vous avez l'âme bien mécréante. Cependant
vous voyez, depuis un temps, que le vin émétique fait bruire
ses fuseaux[3]. Ses miracles ont converti les plus incrédules
45 esprits, et il n'y a pas trois semaines que j'en ai vu, moi qui
vous parle, un effet merveilleux.

DOM JUAN.   Et quel ?

SGANARELLE.   Il y avait un homme qui, depuis six jours,
était à l'agonie ; on ne savait plus que lui ordonner, et tous
50 les remèdes ne faisaient rien ; on s'avisa à la fin de lui donner
de l'émétique.

---

1. *Grimace :* apparence trompeuse.
2. Le séné et la casse sont des laxatifs ; le vin émétique est un vomitif.
3. *Fait bruire ses fuseaux :* fait parler de lui.

DOM JUAN. Il réchappa, n'est-ce pas ?

SGANARELLE. Non, il mourut.

DOM JUAN. L'effet est admirable.

SGANARELLE. Comment ? il y avait six jours entiers qu'il ne pouvait mourir, et cela le fit mourir tout d'un coup. Voulez-vous rien de plus efficace ?

DOM JUAN. Tu as raison.

SGANARELLE. Mais laissons là la médecine, où vous ne croyez point, et parlons des autres choses, car cet habit me donne de l'esprit, et je me sens en humeur de disputer contre vous : vous savez bien que vous me permettez les disputes, et que vous ne me défendez que les remontrances.

DOM JUAN. Eh bien ?

SGANARELLE. Je veux savoir un peu vos pensées à fond. Est-il possible que vous ne croyiez point du tout au Ciel ?

DOM JUAN. Laissons cela.

SGANARELLE. C'est-à-dire que non. Et à l'Enfer ?

DOM JUAN. Eh !

SGANARELLE. Tout de même[1]. Et au diable, s'il vous plaît ?

DOM JUAN. Oui, oui.

SGANARELLE. Aussi peu. Ne croyez-vous point l'autre vie ?

DOM JUAN. Ah ! ah ! ah !

SGANARELLE. Voilà un homme que j'aurai bien de la peine à convertir. Et dites-moi un peu, [le Moine-Bourru[2], qu'en croyez-vous, eh !

DOM JUAN. La peste soit du fat !

SGANARELLE. Et voilà ce que je ne puis souffrir, car il n'y a rien de plus vrai que le Moine-Bourru, et je me ferais

---

1. *Tout de même* : c'est pareil.
2. *Le Moine-Bourru* : dans la superstition populaire, sorte de fantôme qui court les rues avant Noël et maltraite les passants.

71

Sganarelle (Maxime Lombard) et Dom Juan (Philippe Caubère).
Mise en scène de Philippe Caubère.
Théâtre du Soleil, Cartoucherie de Vincennes, 1977.

80 pendre pour celui-là. Mais] encore faut-il croire quelque chose
[dans le monde] : qu'est-ce [donc] que vous croyez ?

DOM JUAN.   Ce que je crois ?

SGANARELLE.   Oui.

DOM JUAN.   Je crois que deux et deux sont quatre, Sganarelle,
85 et que quatre et quatre sont huit.

SGANARELLE.   La belle croyance [et les beaux articles de foi
que voici] ! Votre religion, à ce que je vois, est donc
l'arithmétique ? Il faut avouer qu'il se met d'étranges folies
dans la tête des hommes, et que pour avoir bien étudié on
90 en est bien moins sage le plus souvent. Pour moi, Monsieur,
je n'ai point étudié comme vous, Dieu merci, et personne
ne saurait se vanter de m'avoir jamais rien appris ; mais avec
mon petit sens[1], mon petit jugement, je vois les choses mieux
que tous les livres, et je comprends fort bien que ce monde
95 que nous voyons n'est pas un champignon, qui soit venu
tout seul en une nuit. Je voudrais bien vous demander qui a
fait ces arbres-là, ces rochers, cette terre, et ce ciel que voilà
là-haut, et si tout cela s'est bâti de lui-même. Vous voilà vous,
par exemple, vous êtes là : est-ce que vous vous êtes fait tout
00 seul, et n'a-t-il pas fallu que votre père ait engrossé votre
mère pour vous faire ? Pouvez-vous voir toutes ces inventions
dont la machine[2] de l'homme est composée sans admirer de
quelle façon cela est agencé l'un dans l'autre : ces nerfs, ces
os, ces veines, ces artères, ces... ce poumon, ce cœur, ce foie,
05 et tous ces autres ingrédients qui sont là, et qui... Oh ! dame,
interrompez-moi donc si vous voulez : je ne saurais disputer
si l'on ne m'interrompt ; vous vous taisez exprès et me laissez
parler par belle malice.

DOM JUAN.   J'attends que ton raisonnement soit fini.

---

1. *Mon petit sens :* mon petit bon sens.
2. *Machine :* organisme.

110 SGANARELLE.   Mon raisonnement est qu'il y a quelque chose
d'admirable dans l'homme, quoi que vous puissiez dire, que
tous les savants ne sauraient expliquer. Cela n'est-il pas
merveilleux que me voilà ici, et que j'aie quelque chose dans
la tête qui pense cent choses différentes en un moment, et
115 fait de mon corps tout ce qu'elle veut ? Je veux frapper des
mains, hausser le bras, lever les yeux au ciel, baisser la tête,
remuer les pieds, aller à droit, à gauche, en avant, en arrière,
tourner...

Il se laisse tomber en tournant.

DOM JUAN.   Bon ! voilà ton raisonnement qui a le nez
120 cassé.

SGANARELLE.   Morbleu ! je suis bien sot de m'amuser à
raisonner avec vous. Croyez ce que vous voudrez : il m'importe
bien que vous soyez damné !

DOM JUAN.   Mais tout en raisonnant, je crois que nous
125 sommes égarés. Appelle un peu cet homme que voilà là-bas,
pour lui demander le chemin.

SGANARELLE.   Holà, ho, l'homme ! ho, mon compère ! ho,
l'ami ! un petit mot s'il vous plaît.

Acte III Scène 1

LA TRANSITION

1. Situez le lieu de l'acte III par rapport à ceux des actes précédents. Combien de temps a-t-il pu s'écouler depuis l'acte II ?

2. Sur quel sujet de conversation se fait la transition avec la fin de l'acte précédent ? Montrez que ce sujet permet d'introduire par degrés le thème central de la scène.

LES MÉDECINS

3. Cette scène est la première attaque en règle de Molière contre les médecins, si on laisse de côté les plaisanteries traditionnelles que contient sa farce du *Médecin volant* (1659). Pourquoi surgit-elle à ce moment de la vie de Molière ? Dans quelles autres pièces va-t-elle reparaître ? D'après le texte de notre scène, la médecine échoue-t-elle toujours ? Peut-on dire que Molière s'en prend aux médecins plutôt qu'à la médecine ?

4. En quoi les lignes 19 à 26 aident-elles à cerner le personnage de Sganarelle ? Quel champ lexical (voir p. 171) utilise-t-il ensuite pour parler de la médecine ? Justifiez votre réponse à l'aide d'exemples tirés du texte.
Du fait que Molière partage à coup sûr l'opinion de Dom Juan sur la médecine, peut-on en déduire qu'il partage aussi son incroyance ?

LA RELIGION

5. Au Dom Juan séducteur de l'acte II succède le Dom Juan libertin en matière de religion : c'est le second aspect du personnage, qui explique en fait le premier et qui a surtout retenu l'attention de Molière. L'athéisme de Dom Juan avait-il déjà été évoqué ? Quelle nouveauté apporte cette scène ? Qu'est-ce qui la rend si hardie pour le XVIIe siècle ?

6. De quelle manière Dom Juan répond-il au questionnaire de

Sganarelle ? Que signifient vraiment ces réponses ? Comment peut-on être sûr de leur sens ? Comment sont-elles construites ? Répondez en vous référant au texte.

7. En France, quel est le philosophe qui, le premier, a affirmé que la nature était écrite en langage mathématique ? Ce philosophe était-il athée ? Comparez la position de Dom Juan avec celle de ce penseur.

8. Par ses questions, Sganarelle laisse entrevoir sa propre conception de la religion : essayez de la définir. Dans les lignes 86 à 118, faites la part de ce qui est philosophiquement valable et de ce qui est ridicule. Pourquoi Molière n'a-t-il pas engagé Dom Juan dans une véritable discussion avec son valet ?

SCÈNE 2. DOM JUAN, SGANARELLE, UN PAUVRE.

SGANARELLE. Enseignez-nous un peu le chemin qui mène à la ville.

LE PAUVRE. Vous n'avez qu'à suivre cette route, Messieurs, et détourner à main droite quand vous serez au bout de la
5   forêt. Mais je vous donne avis que vous devez vous tenir sur vos gardes, et que depuis quelque temps il y a des voleurs ici autour.

DOM JUAN. Je te suis bien obligé, mon ami, et je te rends grâce de tout mon cœur.

10 LE PAUVRE. Si vous vouliez, Monsieur, me secourir de quelque aumône ?

DOM JUAN. Ah ! ah ! ton avis est intéressé, à ce que je vois.

LE PAUVRE. Je suis un pauvre homme, Monsieur, retiré tout
15 seul dans ce bois depuis dix ans, et je ne manquerai pas de prier le Ciel qu'il vous donne toute sorte de biens.

DOM JUAN. Eh ! prie-le qu'il te donne un habit, sans te mettre en peine des affaires des autres.

SGANARELLE. Vous   ne   connaissez   pas   Monsieur,
20 bonhomme ; il ne croit qu'en deux et deux sont quatre et en quatre et quatre sont huit.

DOM JUAN. Quelle est ton occupation parmi ces arbres ?

LE PAUVRE. De prier le Ciel tout le jour pour la prospérité des gens de bien qui me donnent quelque chose.

25 DOM JUAN. Il ne se peut donc pas que tu ne sois bien à ton aise ?

LE PAUVRE. Hélas ! Monsieur, je suis dans la plus grande nécessité[1] du monde.

---

1. *Nécessité* : pauvreté.

DOM JUAN. Tu te moques : un homme qui prie le Ciel
30 tout le jour ne peut pas manquer d'être bien dans ses affaires.

LE PAUVRE. Je vous assure, Monsieur, que le plus souvent
je n'ai pas un morceau de pain à mettre sous les dents.

DOM JUAN. [Voilà qui est étrange, et tu es bien mal
reconnu de tes soins[1]. Ah ! ah ! je m'en vais te donner un
35 louis d'or tout à l'heure, pourvu que tu veuilles jurer[2].

LE PAUVRE. Ah ! Monsieur, voudriez-vous que je commisse
un tel péché ?

DOM JUAN. Tu n'as qu'à voir si tu veux gagner un louis
d'or ou non. En voici un que je te donne, si tu jures ; tiens,
40 il faut jurer.

LE PAUVRE. Monsieur !

DOM JUAN. À moins de cela, tu ne l'auras pas.

SGANARELLE. Va, va, jure un peu, il n'y a pas de mal.

DOM JUAN. Prends, le voilà ; prends, te dis-je, mais jure
45 donc.

LE PAUVRE. Non, Monsieur, j'aime mieux mourir de faim.

DOM JUAN. Va, va,] je te le donne pour l'amour de
l'humanité. Mais que vois-je là ? un homme attaqué par trois
autres ? La partie est trop inégale, et je ne dois pas souffrir
50 cette lâcheté.

Il court au lieu du combat.

---

1. *Reconnu de tes soins* : récompensé de tes efforts, de ta ferveur.
2. *Jurer* : blasphémer.

Acte III Scène 2

L'UNITÉ D'ACTION

1. Comment cette scène se relie-t-elle à l'intrigue ? Est-elle indispensable à l'action ? Pourquoi Molière l'a-t-il introduite dans le cours de l'intrigue ? Quel rapport pouvez-vous établir entre le dialogue de Dom Juan avec le Pauvre et celui qu'il vient d'avoir avec Sganarelle ?

LE PAUVRE ET LE SENS DE LA PAUVRETÉ AU XVIIᵉ SIÈCLE

2. Pourquoi « le Pauvre » n'est-il pas ici désigné par son nom, qui figure pourtant dans la liste des acteurs (voir p. 24) ? Quel est le sens symbolique de ce nom ? En quoi le personnage créé par Molière se distingue-t-il du pauvre ordinaire ? Pour quelle raison Dom Juan prétend-il que son « avis est intéressé » (l. 12) ?

3. La question de l'aumône est d'actualité au XVIIᵉ siècle : saint Vincent de Paul (1581 - 1660) et la Compagnie du Saint-Sacrement multiplient les distributions en faveur des pauvres. La pauvreté a une signification spirituelle capitale, qui est exposée par Bossuet dans son *Sermon sur l'éminente dignité des pauvres dans l'Église* (1659) : « Entrez en commerce [= en relations] avec les pauvres ; donnez, et vous recevrez : donnez les biens temporels, et recueillez les bénédictions spirituelles ; prenez part aux misères des affligés, et Dieu vous donnera part à leurs privilèges. » Le pauvre mis en scène par Molière a-t-il cette conception de la pauvreté ? Citez le texte.

LES TENTATIONS

4. Avant la tentation du blasphème, Dom Juan en fait jouer une autre : laquelle ? Quelle conception se fait-il de la prière ?

5. Quel rôle remplit ici Dom Juan ? De quel épisode célèbre de l'Évangile peut-on rapprocher cette scène ? Comparez la foi du Pauvre et celle de Sganarelle. Quelle formule habituelle remplace l'expression de Dom Juan : « pour l'amour de l'humanité » ? Qui sort vainqueur de la confrontation ? Pourquoi ?

SCÈNE 3. DOM JUAN, DOM CARLOS, SGANARELLE.

SGANARELLE. Mon maître est un vrai enragé d'aller se présenter à un péril qui ne le cherche pas ; mais, ma foi ! le secours a servi, et les deux ont fait fuir les trois.

DOM CARLOS, *l'épée à la main.* On voit, par la fuite de
5 ces voleurs, de quel secours est votre bras. Souffrez, Monsieur, que je vous rende grâce d'une action si généreuse, et que...

DOM JUAN, *revenant l'épée à la main.* Je n'ai rien fait, Monsieur, que vous n'eussiez fait en ma place. Notre propre honneur est intéressé[1] dans de pareilles aventures, et l'action
10 de ces coquins était si lâche que c'eût été y prendre part que de ne s'y pas opposer. Mais par quelle rencontre[2] vous êtes-vous trouvé entre leurs mains ?

DOM CARLOS. Je m'étais par hasard égaré d'un frère et de tous ceux de notre suite ; et comme je cherchais à les
15 rejoindre, j'ai fait rencontre de ces voleurs, qui d'abord ont tué mon cheval, et qui, sans votre valeur, en auraient fait autant de moi.

DOM JUAN. Votre dessein est-il d'aller du côté de la ville ?

DOM CARLOS. Oui, mais sans y vouloir entrer ; et nous
20 nous voyons obligés, mon frère et moi, à tenir la campagne pour une de ces fâcheuses affaires qui réduisent les gentils-hommes à se sacrifier, eux et leur famille, à la sévérité de leur honneur, puisque enfin le plus doux succès en est toujours funeste, et que, si l'on ne quitte pas la vie, on est contraint
25 de quitter le Royaume ; et c'est en quoi je trouve la condition d'un gentilhomme malheureuse, de ne pouvoir point s'assurer

---

1. *Est intéressé :* est en cause.
2. *Rencontre :* hasard.

sur[1] toute la prudence et toute l'honnêteté de sa conduite, d'être asservi par les lois de l'honneur au dérèglement de la conduite d'autrui, et de voir sa vie, son repos et ses biens
30 dépendre de la fantaisie du premier téméraire qui s'avisera de lui faire une de ces injures[2] pour qui[3] un honnête homme doit périr.

DOM JUAN. On a cet avantage, qu'on fait courir le même risque et passer mal aussi le temps à ceux qui prennent
35 fantaisie de nous venir faire une offense de gaieté de cœur. Mais ne serait-ce point une indiscrétion que de vous demander quelle peut être votre affaire ?

DOM CARLOS. La chose en est aux termes[4] de n'en plus faire de secret, et lorsque l'injure a une fois éclaté[5], notre
40 honneur ne va point à vouloir cacher notre honte, mais à faire éclater notre vengeance, et à publier même le dessein que nous en avons. Ainsi, Monsieur, je ne feindrai point de[6] vous dire que l'offense que nous cherchons à venger est une sœur séduite et enlevée d'un couvent, et que l'auteur de cette
45 offense est un Dom Juan Tenorio, fils de Dom Louis Tenorio. Nous le cherchons depuis quelques jours, et nous l'avons suivi ce matin sur le rapport d'un valet qui nous a dit qu'il sortait à cheval, accompagné de quatre ou cinq, et qu'il avait pris le long de cette côte ; mais tous nos soins ont été inutiles, et
50 nous n'avons pu découvrir ce qu'il est devenu.

DOM JUAN. Le connaissez-vous, Monsieur, ce Dom Juan dont vous parlez ?

DOM CARLOS. Non, quant à moi. Je ne l'ai jamais vu, et

---

1. *S'assurer sur* : se reposer sur, mettre sa confiance dans.
2. *Injures* : outrages.
3. *Pour qui* : pour lesquelles.
4. *En est aux termes* : en est arrivée au point.
5. *Éclaté* : été rendue publique.
6. *Je ne feindrai point de* : je n'hésiterai point à.

je l'ai seulement ouï dépeindre à mon frère ; mais la renommée
55 n'en dit pas force bien, et c'est un homme dont la vie...

DOM JUAN.   Arrêtez, Monsieur, s'il vous plaît. Il est un
peu de mes amis, et ce serait à moi une espèce de lâcheté
que d'en ouïr dire du mal.

DOM CARLOS.   Pour l'amour de vous, Monsieur, je n'en
60 dirai rien du tout, et c'est bien la moindre chose que je vous
doive, après m'avoir[1] sauvé la vie, que de me taire devant
vous d'une personne que vous connaissez, lorsque je ne puis
en parler sans en dire du mal ; mais, quelque ami que vous
lui soyez, j'ose espérer que vous n'approuverez pas son action,
65 et ne trouverez pas étrange que nous cherchions d'en prendre
la vengeance.

DOM JUAN.   Au contraire, je vous y veux servir, et vous
épargner des soins inutiles. Je suis ami de Dom Juan, je ne
puis pas m'en empêcher ; mais il n'est pas raisonnable qu'il
70 offense impunément des gentilshommes, et je m'engage à
vous faire faire raison par lui[2].

DOM CARLOS.   Et quelle raison peut-on faire à ces sortes
d'injures ?

DOM JUAN.   Toute celle que votre honneur peut souhaiter ;
75 et, sans vous donner la peine de chercher Dom Juan davantage,
je m'oblige à le faire trouver[3] au lieu que vous voudrez, et
quand il vous plaira.

DOM CARLOS.   Cet espoir est bien doux, Monsieur, à des
cœurs offensés ; mais, après ce que je vous dois, ce me serait
80 une trop sensible douleur que vous fussiez de la partie[4].

DOM JUAN.   Je suis si attaché à Dom Juan qu'il ne saurait

---

1. *Après m'avoir* : après que vous m'avez.
2. *À vous ... par lui* : à ce qu'il vous rende justice.
3. *Je m'oblige ... trouver* : je m'engage à le faire se trouver.
4. *De la partie* : du duel.

se battre que je ne me batte aussi ; mais enfin j'en réponds comme de moi-même, et vous n'avez qu'à dire quand vous voulez qu'il paraisse et vous donne satisfaction[1].

85 DOM CARLOS. Que ma destinée est cruelle ! Faut-il que je vous doive la vie, et que Dom Juan soit de vos amis ?

SCÈNE 4. DOM ALONSE, *et trois Suivants,* DOM CARLOS, DOM JUAN, SGANARELLE.

DOM ALONSE. Faites boire là mes chevaux, et qu'on les amène après nous ; je veux un peu marcher à pied. Ô Ciel ! que vois-je ici ! Quoi ? mon frère, vous voilà avec notre ennemi mortel ?

5 DOM CARLOS. Notre ennemi mortel ?

DOM JUAN, *se reculant de trois pas et mettant fièrement la main sur la garde de son épée.* Oui, je suis Dom Juan moi-même, et l'avantage du nombre ne m'obligera pas à vouloir déguiser mon nom.

10 DOM ALONSE. Ah ! traître, il faut que tu périsses, et...

DOM CARLOS. Ah ! mon frère, arrêtez. Je lui suis redevable de la vie ; et sans le secours de son bras, j'aurais été tué par des voleurs que j'ai trouvés.

DOM ALONSE. Et voulez-vous que cette considération
15 empêche notre vengeance ? Tous les services que nous rend une main ennemie ne sont d'aucun mérite pour engager notre âme ; et s'il faut mesurer l'obligation à l'injure, votre reconnaissance, mon frère, est ici ridicule ; et comme l'honneur est infiniment plus précieux que la vie, c'est ne devoir rien

---

1. *Vous donne satisfaction :* vous fasse réparation.

20 proprement que d'être redevable de la vie à qui nous a ôté l'honneur.

DOM CARLOS. Je sais la différence, mon frère, qu'un gentilhomme doit toujours mettre entre l'un et l'autre, et la reconnaissance de l'obligation[1] n'efface point en moi le
25 ressentiment de l'injure ; mais souffrez que je lui rende ici ce qu'il m'a prêté, que je m'acquitte sur-le-champ de la vie que je lui dois, par un délai de notre vengeance, et lui laisse la liberté de jouir, durant quelques jours, du fruit de son bienfait.

30 DOM ALONSE. Non, non, c'est hasarder notre vengeance que de la reculer et l'occasion de la prendre peut ne plus revenir. Le Ciel nous l'offre ici, c'est à nous d'en profiter. Lorsque l'honneur est blessé mortellement, on ne doit point songer à garder aucunes mesures ; et si vous répugnez à
35 prêter votre bras à cette action, vous n'avez qu'à vous retirer et laisser à ma main la gloire d'un tel sacrifice.

DOM CARLOS. De grâce, mon frère...

DOM ALONSE. Tous ces discours sont superflus : il faut qu'il meure.

40 DOM CARLOS. Arrêtez-vous, dis-je, mon frère. Je ne souffrirai point du tout qu'on attaque ses jours[2], et je jure le Ciel que je le défendrai ici contre qui que ce soit, et je saurai lui faire un rempart de cette même vie qu'il a sauvée ; et pour adresser vos coups, il faudra que vous me perciez.

45 DOM ALONSE. Quoi ? vous prenez le parti de notre ennemi contre moi ; et loin d'être saisi à son aspect des mêmes transports que je sens, vous faites voir pour lui des sentiments pleins de douceur ?

---

1. *La reconnaissance de l'obligation* : le fait de reconnaître ma dette morale (envers Dom Juan).
2. *Ses jours* : sa vie.

DOM CARLOS. Mon frère, montrons de la modération dans
50 une action légitime, et ne vengeons point notre honneur avec
cet emportement que vous témoignez. Ayons du cœur[1] dont
nous soyons les maîtres, une valeur qui n'ait rien de farouche,
et qui se porte aux choses par une pure délibération de notre
raison, et non point par le mouvement d'une aveugle colère.
55 Je ne veux point, mon frère, demeurer redevable à mon
ennemi, et je lui ai une obligation dont il faut que je
m'acquitte avant toute chose. Notre vengeance, pour être
différée, n'en sera pas moins éclatante : au contraire, elle en
tirera de l'avantage ; et cette occasion de l'avoir pu prendre
60 la fera paraître plus juste aux yeux de tout le monde.

DOM ALONSE. Ô l'étrange faiblesse, et l'aveuglement
effroyable d'hasarder ainsi les intérêts de son honneur pour
la ridicule pensée d'une obligation chimérique !

DOM CARLOS. Non, mon frère, ne vous mettez pas en
65 peine. Si je fais une faute, je saurai bien la réparer, et je me
charge de tout le soin de notre honneur ; je sais à quoi il
nous oblige, et cette suspension[2] d'un jour, que ma reconnaissance lui demande, ne fera qu'augmenter l'ardeur que j'ai
de le satisfaire. Dom Juan, vous voyez que j'ai soin de vous
70 rendre le bien que j'ai reçu de vous, et vous devez par-là
juger du reste, croire que je m'acquitte avec même chaleur
de ce que je dois, et que je ne serais pas moins exact à vous
payer l'injure que le bienfait. Je ne veux point vous obliger
ici à expliquer vos sentiments[3], et je vous donne la liberté de
75 penser à loisir aux résolutions que vous avez à prendre. Vous
connaissez assez la grandeur de l'offense que vous nous avez
faite, et je vous fais juge vous-même des réparations qu'elle

---

1. *Cœur :* fierté, courage.
2. *Suspension :* délai.
3. *Expliquer vos sentiments :* exposer ce que vous comptez faire.

demande. Il est des moyens doux pour nous satisfaire ; il en
est de violents et de sanglants ; mais enfin, quelque choix
80 que vous fassiez, vous m'avez donné parole de me faire faire
raison par Dom Juan : songez à me la faire[1], je vous prie, et
vous ressouvenez que, hors d'ici, je ne dois plus qu'à mon
honneur.

DOM JUAN.   Je n'ai rien exigé de vous, et vous tiendrai ce
85 que j'ai promis.

DOM CARLOS.   Allons, mon frère : un moment de douceur
ne fait aucune injure à la sévérité de notre devoir.

SCÈNE 5.   DOM JUAN, SGANARELLE.

DOM JUAN.   Holà, hé, Sganarelle !

SGANARELLE.   Plaît-il ?

DOM JUAN.   Comment ? coquin, tu fuis quand on
m'attaque ?

5 SGANARELLE.   Pardonnez-moi, Monsieur ; je viens seulement
d'ici près. Je crois que cet habit est purgatif, et que c'est
prendre médecine[2] que de le porter.

DOM JUAN.   Peste soit l'insolent[3] ! Couvre au moins ta
poltronnerie d'un voile plus honnête. Sais-tu bien qui est celui
10 à qui j'ai sauvé la vie ?

SGANARELLE.   Moi ? Non.

DOM JUAN.   C'est un frère d'Elvire.

SGANARELLE.   Un...

---

1. *À me la faire :* à me rendre justice.
2. *Prendre médecine :* prendre un médicament (ici, un laxatif).
3. *Peste soit l'insolent :* la peste étouffe l'insolent.

DOM JUAN.   Il est assez honnête homme[1], il en a bien
15 usé[2], et j'ai regret d'avoir démêlé avec lui.

SGANARELLE.   Il vous serait aisé de pacifier toutes choses.

DOM JUAN.   Oui ; mais ma passion est usée pour Done
Elvire, et l'engagement ne compatit point avec mon humeur[3].
J'aime la liberté en amour, tu le sais, et je ne saurais me
20 résoudre à renfermer mon cœur entre quatre murailles. Je te
l'ai dit vingt fois, j'ai une pente naturelle à me laisser aller à
tout ce qui m'attire. Mon cœur est à toutes les belles, et
c'est à elles à le prendre tour à tour et à le garder tant
qu'elles le pourront. Mais quel est le superbe édifice que je
25 vois entre ces arbres ?

SGANARELLE.   Vous ne le savez pas ?

DOM JUAN.   Non, vraiment.

SGANARELLE.   Bon ! c'est le tombeau que le Commandeur
faisait faire lorsque vous le tuâtes.

30 DOM JUAN.   Ah ! tu as raison. Je ne savais pas que c'était
de ce côté-ci qu'il était. Tout le monde m'a dit des merveilles
de cet ouvrage, aussi bien que de la statue du Commandeur,
et j'ai envie de l'aller voir.

SGANARELLE.   Monsieur, n'allez point là.

35 DOM JUAN.   Pourquoi ?

SGANARELLE.   Cela n'est pas civil[4], d'aller voir un homme
que vous avez tué.

DOM JUAN.   Au contraire, c'est une visite dont je lui veux
faire civilité, et qu'il doit recevoir de bonne grâce, s'il est
40 galant homme[5]. Allons, entrons dedans.

---

1. *Il est assez honnête homme* : c'est tout à fait un homme d'honneur.;
2. *Il en a bien usé* : il s'est bien comporté.
3. *L'engagement ... humeur* : je ne suis pas d'une nature à me lier
pour la vie à quelqu'un.
4. *Civil* : courtois (faire civilité : rendre hommage).
5. *Galant homme* : homme de bonne compagnie.

Le tombeau s'ouvre, où l'on voit un superbe mausolée et la statue du Commandeur.

SGANARELLE.   Ah ! que cela est beau ! Les belles statues ! le beau marbre ! les beaux piliers ! Ah ! que cela est beau ! Qu'en dites-vous, Monsieur ?

DOM JUAN.   Qu'on ne peut voir aller plus loin l'ambition
45 d'un homme mort ; et ce que je trouve admirable, c'est qu'un homme qui s'est passé[1], durant sa vie, d'une assez simple demeure, en veuille avoir une si magnifique pour quand il n'en a plus que faire.

SGANARELLE.   Voici la statue du Commandeur.

50 DOM JUAN.   Parbleu ! le voilà bon [2], avec son habit d'empereur romain !

SGANARELLE.   Ma foi, Monsieur, voilà qui est bien fait. Il semble qu'il est en vie, et qu'il s'en va parler. Il jette des regards sur nous qui me feraient peur, si j'étais tout seul, et
55 je pense qu'il ne prend pas plaisir de nous voir.

DOM JUAN.   Il aurait tort, et ce serait mal recevoir l'honneur que je lui fais. Demande-lui s'il veut venir souper [3] avec moi.

SGANARELLE.   C'est une chose dont il n'a pas besoin, je crois.

60 DOM JUAN.   Demande-lui, te dis-je.

SGANARELLE.   Vous moquez-vous ? Ce serait être fou que d'aller parler à une statue.

DOM JUAN.   Fais ce que je te dis.

SGANARELLE.   Quelle bizarrerie ! Seigneur Commandeur... je
65 ris de ma sottise, mais c'est mon maître qui me la fait faire. Seigneur Commandeur, mon maître Dom Juan vous demande

---

1. *S'est passé* : s'est contenté.
2. *Le voilà bon* : le voilà beau !
3. *Souper* : dîner.

Sganarelle (Claude Brasseur) et Dom Juan (Michel Piccoli)
devant la statue du Commandeur.
Adaptation télévisée réalisée par Marcel Bluwal en 1965.

si vous voulez lui faire l'honneur de venir souper avec lui.
(La Statue baisse la tête.) Ha !

DOM JUAN.   Qu'est-ce ? Qu'as-tu ? Dis donc, veux-tu
70 parler ?

SGANARELLE *fait le même signe que lui a fait la Statue et baisse
la tête.*   La Statue...

DOM JUAN.   Eh bien ! que veux-tu dire, traître ?

SGANARELLE.   Je vous dis que la Statue...

75 DOM JUAN.   Eh bien ! la Statue ? Je t'assomme, si tu ne
parles.

SGANARELLE.   La Statue m'a fait signe.

DOM JUAN.   La peste le coquin !

SGANARELLE.   Elle m'a fait signe, vous dis-je : il n'est rien

89

80 de plus vrai. Allez-vous-en lui parler vous-même pour voir. Peut-être...

DOM JUAN.   Viens, maraud, viens, je te veux bien faire toucher au doigt ta poltronnerie. Prends garde. Le Seigneur Commandeur voudrait-il venir souper avec moi ?

La Statue baisse encore la tête.

85 SGANARELLE.   Je ne voudrais pas en tenir dix pistoles[1]. Eh bien ! Monsieur ?

DOM JUAN.   Allons, sortons d'ici.

SGANARELLE.   Voilà de mes esprits forts, qui ne veulent rien croire.

---

1. *Je ... pistoles :* je ne parierais pas dix pistoles là-dessus ; sous-entendu : je suis sûr qu'il va venir.

Acte III Scène 5

LE TABOU TRANSGRESSÉ

1. Comparez l'attitude de Dom Juan et celle de Sganarelle devant le tombeau ouvert. Les prédécesseurs de Molière montraient un Dom Juan insultant sa victime : le personnage de Molière ne va-t-il pas, en un sens, plus loin qu'eux ? Pourquoi passe-t-il par l'intermédiaire de Sganarelle pour inviter la Statue ?

2. Montrez que l'impact de cette scène vient de deux silences : lesquels ? Pourquoi le silence a-t-il tant d'importance au théâtre ? À quels rites très anciennement attestés dans l'humanité renvoie l'association de la mort et du repas ?

LE CONTEXTE HISTORIQUE

3. Quel éclairage apportent sur cette scène les précisions d'A. Adam (voir p. 168) : « Le sceptique, l'athée Dom Juan ne refuse pas d'entrer en rapport avec le préternaturel [= le surnaturel]. Devant une statue qui remue la tête, il ne dit pas : impossible ; il dit : nous verrons bien. C'est que précisément à l'époque de Molière, les libertins du grand monde ne craignaient pas de porter leurs curiosités vers les domaines interdits. Le duc de Nevers et Brissac étaient tout occupés de sciences occultes et désireux de faire apparaître le diable. [...] À l'hôtel de Soissons, dans un milieu où l'athéisme ne se dissimulait guère, on cultivait l'astrologie, on tirait des horoscopes, on évoquait les esprits, on se penchait sur les philtres où le diable permettait de lire l'avenir. Le mélange d'athéisme et de surnaturel où baigne la pièce de *Dom Juan* ne fait donc que traduire la réalité contemporaine » ?

Ensemble de l'acte III

LA TECHNIQUE

1. De quel genre théâtral relève le procédé des rencontres successives dans une forêt ? Comment s'effectue la liaison entre les scènes ?

2. Étant donné que dans la comédie il ne doit pas y avoir risque de mort, à quels moments de l'acte sort-on des limites du genre ? Vérifiez que ces moments correspondent à l'absence sur scène d'un personnage essentiellement comique.

3. Mesurez la pression des bienséances (voir p. 170) dans le déroulement et le dénouement des diverses scènes composant cet acte.

LES PERSONNAGES

4. Quelle catégorie de personnages a disparu de scène entre les deux premiers actes et celui-ci ?

5. Examinez, en rapprochant la scène 2 de l'acte III et les scènes 3 et 4 de l'acte II, le comportement de Sganarelle avec les victimes de son maître.

6. En quoi peut-on qualifier de cornélien le personnage de Dom Carlos dans les scènes 3 et 4 ?

7. Comment la supériorité de Dom Juan sur presque tous les autres personnages de l'acte se marque-t-elle dans le dialogue (ou dans l'absence de dialogue) ?

8. Montrez que si Dom Juan ne suit pas la morale chrétienne, il en suit tout de même une autre. De quelle façon cette dernière est-elle à son tour menacée par l'affirmation de la scène 5 (l. 18) : « l'engagement ne compatit point avec mon humeur » ? Cherchez s'il n'y aurait pas, curieusement, des points communs entre Dom Juan et la Statue.

LE SUSPENSE

9. Mettez en évidence, après la parenthèse de l'acte II, le surgissement des deux périls dont on avait menacé Dom Juan à l'acte I. Sont-ils de même nature ? Quelle réaction peut-on attendre de la part de Dom Juan devant le prodige de la statue animée ?

10. Sur quelle interrogation se termine l'acte ? Comparez cette fin avec celle des deux premiers actes.

Acte IV

Le théâtre représente l'appartement de Dom Juan.

SCÈNE PREMIÈRE.   DOM JUAN, SGANARELLE.

DOM JUAN.   Quoi qu'il en soit, laissons cela : c'est une
bagatelle, et nous pouvons avoir été trompés par un faux
jour, ou surpris de quelque vapeur[1] qui nous ait troublé la
vue.

5 SGANARELLE.   Eh ! Monsieur, ne cherchez point à démentir
ce que nous avons vu des yeux que voilà. Il n'est rien de
plus véritable que ce signe de tête ; et je ne doute point que
le Ciel, scandalisé de votre vie, n'ait produit ce miracle pour
vous convaincre, et pour vous retirer de...

10 DOM JUAN.   Écoute. Si tu m'importunes davantage de tes
sottes moralités, si tu me dis encore le moindre mot là-dessus,
je vais appeler quelqu'un, demander un nerf de bœuf, te faire
tenir par trois ou quatre, et te rouer de mille coups. M'entends-
tu bien ?

15 SGANARELLE.   Fort bien, Monsieur, le mieux du monde.
Vous vous expliquez clairement ; c'est ce qu'il y a de bon
en vous, que vous n'allez point chercher de détours : vous
dites les choses avec une netteté admirable.

DOM JUAN.   Allons, qu'on me fasse souper le plus tôt que
20 l'on pourra. Une chaise, petit garçon[2].

---

1. *Surpris de quelque vapeur* : abusés par une hallucination. Il est
possible cependant que le mot « vapeur » ait ici son sens habituel.
2. *Petit garçon* : jeune serviteur.

SCÈNE 2. DOM JUAN, LA VIOLETTE, SGANARELLE.

LA VIOLETTE. Monsieur, voilà votre marchand, M. Dimanche, qui demande à vous parler.

SGANARELLE. Bon, voilà ce qu'il nous faut, qu'un compliment de créancier. De quoi s'avise-t-il de nous venir demander
5 de l'argent, et que ne lui disais-tu que Monsieur n'y est pas ?

LA VIOLETTE. Il y a trois quarts d'heure que je lui dis ; mais il ne veut pas le croire, et s'est assis là-dedans pour attendre.

SGANARELLE. Qu'il attende, tant qu'il voudra.

10 DOM JUAN. Non, au contraire, faites-le entrer. C'est une fort mauvaise politique que de se faire celer[1] aux créanciers. Il est bon de les payer de quelque chose, et j'ai le secret de les renvoyer satisfaits sans leur donner un double.

SCÈNE 3. DOM JUAN, M. DIMANCHE, SGANARELLE, SUITE.

DOM JUAN, *faisant de grandes civilités.* Ah ! Monsieur Dimanche, approchez. Que je suis ravi de vous voir, et que je veux de mal à mes gens de ne vous pas faire entrer d'abord ! J'avais donné ordre qu'on ne me fît parler
5 personne[2] ; mais cet ordre n'est pas pour vous, et vous êtes en droit de ne trouver jamais de porte fermée chez moi.

M. DIMANCHE. Monsieur, je vous suis fort obligé.

---

1. *Se faire celer :* faire dire qu'on n'y est pas.
2. *Qu'on ... personne :* qu'on ne laissât personne me parler.

DOM JUAN, *parlant à ses laquais*. Parbleu ! coquins, je vous apprendrai à laisser M. Dimanche dans une antichambre, et
10 je vous ferai connaître les gens.

M. DIMANCHE. Monsieur, cela n'est rien.

DOM JUAN. Comment ? vous dire que je n'y suis pas, à M. Dimanche, au meilleur de mes amis ?

M. DIMANCHE. Monsieur, je suis votre serviteur. J'étais
15 venu...

DOM JUAN. Allons vite, un siège pour M. Dimanche.

M. DIMANCHE. Monsieur, je suis bien comme cela.

DOM JUAN. Point, point, je veux que vous soyez assis contre moi.

20 M. DIMANCHE. Cela n'est point nécessaire.

DOM JUAN. Ôtez ce pliant[1], et apportez un fauteuil.

M. DIMANCHE. Monsieur, vous vous moquez, et...

DOM JUAN. Non, non, je sais ce que je vous dois, et je ne veux point qu'on mette de différence entre nous deux.

25 M. DIMANCHE. Monsieur...

DOM JUAN. Allons, asseyez-vous.

M. DIMANCHE. Il n'est pas besoin, Monsieur, et je n'ai qu'un mot à vous dire. J'étais...

DOM JUAN. Mettez-vous là, vous dis-je.

30 M. DIMANCHE. Non, Monsieur, je suis bien. Je viens pour...

DOM JUAN. Non, je ne vous écoute point si vous n'êtes assis.

M. DIMANCHE. Monsieur, je fais ce que vous voulez. Je...

DOM JUAN. Parbleu ! Monsieur Dimanche, vous vous portez
35 bien.

---

1. *Pliant* : siège ; dans la hiérarchie des sièges, le pliant vient en dernier après le fauteuil, la chaise et le tabouret.

M. DIMANCHE.   Oui, Monsieur, pour vous rendre service.
Je suis venu...

DOM JUAN.   Vous avez un fonds de santé admirable, des
lèvres fraîches, un teint vermeil, et des yeux vifs.

40 M. DIMANCHE.   Je voudrais bien...

DOM JUAN.   Comment se porte Madame Dimanche, votre
épouse ?

M. DIMANCHE.   Fort bien, Monsieur, Dieu merci.

DOM JUAN.   C'est une brave femme.

45 M. DIMANCHE.   Elle est votre servante, Monsieur. Je venais...

DOM JUAN.   Et votre petite fille Claudine, comment se
porte-t-elle ?

M. DIMANCHE.   Le mieux du monde.

DOM JUAN.   La jolie petite fille que c'est ! Je l'aime de
50 tout mon cœur.

M. DIMANCHE.   C'est trop d'honneur que vous lui faites,
Monsieur. Je vous...

DOM JUAN.   Et le petit Colin, fait-il toujours bien du bruit
avec son tambour ?

55 M. DIMANCHE.   Toujours de même, Monsieur. Je...

DOM JUAN.   Et votre petit chien Brusquet ? gronde-t-il
toujours aussi fort, et mord-il toujours bien aux jambes les
gens qui vont chez vous ?

M. DIMANCHE.   Plus que jamais, Monsieur, et nous ne
60 saurions en chevir[1].

DOM JUAN.   Ne vous étonnez pas si je m'informe des
nouvelles de toute la famille, car j'y prends beaucoup d'intérêt.

M. DIMANCHE.   Nous vous sommes, Monsieur, infiniment
obligés. Je...

65 DOM JUAN, *lui tendant la main*.   Touchez donc là, Monsieur
Dimanche. Êtes-vous bien de mes amis ?

---

1. *En chevir :* en venir à bout.

Dom Juan (Niels Arestrup) et M. Dimanche (Luc Delhummeau).
En arrière-plan, Sganarelle (Claude Évrard).
Mise en scène de Maurice Bénichou. Bouffes du Nord, 1984.

M. DIMANCHE.   Monsieur, je suis votre serviteur.

DOM JUAN.   Parbleu ! je suis à vous de tout mon cœur.

M. DIMANCHE.   Vous m'honorez trop. Je...

70 DOM JUAN.   Il n'y a rien que je ne fisse pour vous.

M. DIMANCHE.   Monsieur, vous avez trop de bonté pour moi.

DOM JUAN.   Et cela sans intérêt, je vous prie de le croire.

M. DIMANCHE.   Je n'ai point mérité cette grâce assurément.
75 Mais, Monsieur...

DOM JUAN.   Oh ! çà, Monsieur Dimanche, sans façon, voulez-vous souper avec moi ?

M. DIMANCHE.   Non, Monsieur, il faut que je m'en retourne tout à l'heure. Je...

80 DOM JUAN, *se levant*.   Allons, vite un flambeau pour conduire M. Dimanche et que quatre ou cinq de mes gens prennent des mousquetons pour l'escorter.

M. DIMANCHE, *se levant de même*.   Monsieur, il n'est pas nécessaire, et je m'en irai bien tout seul. Mais...

Sganarelle ôte les sièges promptement.

85 DOM JUAN.   Comment ? Je veux qu'on vous escorte, et je m'intéresse trop à votre personne. Je suis votre serviteur, et de plus votre débiteur.

M. DIMANCHE.   Ah ! Monsieur...

DOM JUAN.   C'est une chose que je ne cache pas, et je le
90 dis à tout le monde.

M. DIMANCHE.   Si...

DOM JUAN.   Voulez-vous que je vous reconduise ?

M. DIMANCHE.   Ah ! Monsieur, vous vous moquez, Monsieur...

95 DOM JUAN.   Embrassez-moi donc, s'il vous plaît. Je vous prie encore une fois d'être persuadé que je suis tout à vous, et qu'il n'y a rien au monde que je ne fisse pour votre service. *(Il sort.)*

SGANARELLE.   Il faut avouer que vous avez en Monsieur un
100 homme qui vous aime bien.

M. DIMANCHE.   Il est vrai ; il me fait tant de civilités et
tant de compliments que je ne saurais jamais lui demander
de l'argent.

SGANARELLE.   Je vous assure que toute sa maison périrait
105 pour vous ; et je voudrais qu'il vous arrivât quelque chose,
que quelqu'un s'avisât de vous donner des coups de bâton ;
vous verriez de quelle manière...

M. DIMANCHE.   Je le crois ; mais, Sganarelle, je vous prie
de lui dire un petit mot de mon argent.

110 SGANARELLE.   Oh ! ne vous mettez pas en peine, il vous
payera le mieux du monde.

M. DIMANCHE.   Mais vous, Sganarelle, vous me devez
quelque chose en votre particulier.

SGANARELLE.   Fi ! ne parlez pas de cela.

115 M. DIMANCHE.   Comment ? Je...

SGANARELLE.   Ne sais-je pas bien que je vous dois ?

M. DIMANCHE.   Oui, mais...

SGANARELLE.   Allons, Monsieur Dimanche, je vais vous
éclairer.

120 M. DIMANCHE.   Mais mon argent...

SGANARELLE, *prenant M. Dimanche par le bras*.   Vous moquez-
vous ?

M. DIMANCHE.   Je veux...

SGANARELLE, *le tirant*.   Eh !

125 M. DIMANCHE.   J'entends...

SGANARELLE, *le poussant*.   Bagatelles.

M. DIMANCHE.   Mais...

SGANARELLE, *le poussant*.   Fi !

M. DIMANCHE.   Je...

130 SGANARELLE, *le poussant tout à fait hors du théâtre*.   Fi ! vous
dis-je.

Acte IV Scène 3

LES TRAITS DE SOCIÉTÉ

1. On lit dans un programme-annonce de *Dom Juan* datant du XVIIe siècle que cette scène peut être appelée « la belle scène », puisque c'est une peinture du temps ». L'endettement n'est donc pas imputable ici au seul caractère de Dom Juan, c'est un phénomène social : quels en sont les agents, les causes et les conséquences ? En vous fondant sur la vie de Molière, pensez-vous que les comédiens échappaient aussi facilement à leurs créanciers que Dom Juan ? D'après son nom, le prénom de ses enfants, son attitude et son langage, quelle origine sociale pouvez-vous attribuer à M. Dimanche ? Imaginez ses sentiments devant la magnificence du costume de Dom Juan et le luxe de sa demeure.

2. Quelle est la signification des autres traits de peinture sociale contenus dans la scène : le pliant et le fauteuil, la main tendue, l'escorte, l'embrassade ?

LE COMIQUE

3. Analysez le procédé de Dom Juan avec son créancier et les étapes de sa mise en œuvre. À quels endroits précis interviennent la première défaite de M. Dimanche puis son erreur décisive ? Qu'a de particulièrement drôle sa réplique de la ligne 88 ? Relevez plusieurs jeux de mots dans les propos de Dom Juan, et une ébauche de scène comique dans l'évocation du « petit chien Brusquet ». (À rapprocher de l'acte II, scène 2, lignes 38 à 41). Le comique, chez Molière, n'est pas gratuit mais significatif : en quoi l'attitude de Dom Juan avec M. Dimanche peut-elle s'apparenter à celle qu'il a avec les femmes ?

4. Montrez qu'avec Sganarelle la seconde partie de la scène est la réplique dégradée de la première. C'est une forme du comique de répétition, que vous pourrez comparer avec le parallélisme maître / valet qu'on trouve dans *le Bourgeois gentilhomme,* acte III, scène 9. Ici encore, le comique est significatif : définissez, grâce à cette scène, le personnage de Sganarelle en le comparant à Dom Juan.

SCÈNE 4. DOM LOUIS, DOM JUAN, LA VIOLETTE, SGANARELLE.

LA VIOLETTE. Monsieur, voilà Monsieur votre père.

DOM JUAN. Ah ! me voici bien : il me fallait cette visite pour me faire enrager.

DOM LOUIS. Je vois bien que je vous embarrasse et que
5   vous vous passeriez fort aisément de ma venue. À dire vrai, nous nous incommodons étrangement[1] l'un et l'autre ; et si vous êtes las de me voir, je suis bien las aussi de vos déportements[2]. Hélas ! que nous savons peu ce que nous faisons quand nous ne laissons pas au Ciel le soin des choses
10 qu'il nous faut, quand nous voulons être plus avisés que lui, et que nous venons à l'importuner par nos souhaits aveugles et nos demandes inconsidérées ! J'ai souhaité un fils avec des ardeurs nonpareilles[3] ; je l'ai demandé sans relâche avec des transports incroyables ; et ce fils, que j'obtiens en fatiguant
15 le Ciel de vœux, est le chagrin et le supplice de cette vie même dont je croyais qu'il devait être la joie et la consolation. De quel œil, à votre avis, pensez-vous que je puisse voir cet amas d'actions indignes, dont on a peine, aux yeux du monde, d'adoucir le mauvais visage[4], cette suite continuelle de
20 méchantes affaires, qui nous réduisent, à toutes heures, à lasser les bontés du Souverain, et qui ont épuisé auprès de lui le mérite de mes services et le crédit de mes amis ? Ah ! quelle bassesse est la vôtre ! Ne rougissez-vous point de mériter si peu votre naissance ? Êtes-vous en droit, dites-moi,
25 d'en tirer quelque vanité ? Et qu'avez-vous fait dans le monde

---

1. *Étrangement* : extrêmement.
2. *Vos déportements* : votre conduite.
3. *Nonpareilles* : sans égales.
4. *Visage* : aspect, apparence.

pour être gentilhomme ? Croyez-vous qu'il suffise d'en porter le nom et les armes[1], et que ce nous soit une gloire d'être sorti d'un sang noble lorsque nous vivons en infâmes ? Non, non, la naissance n'est rien où la vertu n'est pas. Aussi nous
30 n'avons part à la gloire de nos ancêtres qu'autant que nous nous efforçons de leur ressembler ; et cet éclat de leurs actions qu'ils répandent sur nous nous impose un engagement de leur faire le même honneur, de suivre les pas qu'ils nous tracent, et de ne point dégénérer de leurs vertus, si nous
35 voulons être estimés leurs véritables descendants. Ainsi vous descendez en vain des aïeux dont vous êtes né : ils vous désavouent pour leur sang[2], et tout ce qu'ils ont fait d'illustre ne vous donne aucun avantage ; au contraire, l'éclat n'en rejaillit sur vous qu'à votre déshonneur, et leur gloire est un
40 flambeau qui éclaire aux yeux d'un chacun la honte de vos actions. Apprenez enfin qu'un gentilhomme qui vit mal est un monstre dans la nature, que la vertu est le premier titre de noblesse, que je regarde bien moins au nom qu'on signe qu'aux actions qu'on fait, et que je ferais plus d'état[3] du fils
45 d'un crocheteur[4] qui serait honnête homme que du fils d'un monarque qui vivrait comme vous.

DOM JUAN.   Monsieur, si vous étiez assis, vous en seriez mieux pour parler.

DOM LOUIS.   Non, insolent, je ne veux point m'asseoir, ni
50 parler davantage, et je vois bien que toutes mes paroles ne font rien sur ton âme. Mais sache, fils indigne, que la tendresse paternelle est poussée à bout par tes actions, que je saurai,

---

1. *Armes :* armoiries.
2. *Ils vous désavouent pour leur sang :* ils ne vous reconnaissent pas pour un de leurs descendants.
3. *Je ferais plus d'état :* je ferais plus de cas ; j'estimerais davantage.
4. *Crocheteur :* celui qui portait des fardeaux à l'aide d'un crochet.

plus tôt que tu ne penses, mettre une borne à tes dérèglements, prévenir sur toi le courroux du Ciel[1], et laver par ta punition
55 la honte de t'avoir fait naître. *(Il sort.)*

SCÈNE 5. DOM JUAN, SGANARELLE.

DOM JUAN.   Eh ! mourez le plus tôt que vous pourrez, c'est le mieux que vous puissiez faire. Il faut que chacun ait son tour, et j'enrage de voir des pères qui vivent autant que leurs fils. *(Il se met dans son fauteuil.)*
5 SGANARELLE.   Ah ! Monsieur, vous avez tort.
DOM JUAN.   J'ai tort ?
SGANARELLE.   Monsieur...
DOM JUAN *se lève de son siège*.   J'ai tort ?
SGANARELLE.   Oui, Monsieur, vous avez tort d'avoir souffert
10 ce qu'il vous a dit, et vous le deviez mettre dehors par les épaules. A-t-on jamais rien vu de plus impertinent ? Un père venir faire des remontrances à son fils, et lui dire de corriger ses actions, de se ressouvenir de sa naissance, de mener une vie d'honnête homme, et cent autres sottises de pareille
15 nature ! Cela se peut-il souffrir à[2] un homme comme vous, qui savez comme il faut vivre ? J'admire votre patience ; et si j'avais été en votre place, je l'aurais envoyé promener. *(À part.)* Ô complaisance maudite ! à quoi me réduis-tu ?
DOM JUAN.   Me fera-t-on souper bientôt ?

---

1. *Prévenir sur toi le courroux du Ciel :* te punir avant que le Ciel ne s'en charge.
2. *Cela se peut-il souffrir à :* cela peut-il être toléré par.

SCÈNE 6. DOM JUAN, DONE ELVIRE, RAGOTIN, SGANARELLE.

RAGOTIN.   Monsieur, voici une dame voilée qui vient vous parler.

DOM JUAN.   Que pourrait-ce être ?

SGANARELLE.   Il faut voir.

5 DONE ELVIRE.   Ne soyez point surpris, Dom Juan, de me voir à cette heure et dans cet équipage. C'est un motif pressant qui m'oblige à cette visite, et ce que j'ai à vous dire ne veut point du tout de retardement. Je ne viens point ici pleine de ce courroux que j'ai tantôt fait éclater, et vous me
10 voyez bien changée de ce que j'étais ce matin. Ce n'est plus cette Done Elvire qui faisait des vœux contre vous, et dont l'âme irritée ne jetait que menaces et ne respirait que vengeance. Le Ciel a banni de mon âme toutes ces indignes ardeurs que je sentais pour vous, tous ces transports tumultueux
15 d'un attachement criminel, tous ces honteux emportements d'un amour terrestre et grossier ; et il n'a laissé dans mon cœur pour vous qu'une flamme épurée de tout le commerce des sens[1], une tendresse toute sainte, un amour détaché de tout, qui n'agit point pour soi, et ne se met en peine que de
20 votre intérêt.

DOM JUAN, *à Sganarelle*.   Tu pleures, je pense.

SGANARELLE.   Pardonnez-moi.

DONE ELVIRE.   C'est ce parfait et pur amour qui me conduit ici pour votre bien, pour vous faire part d'un avis du Ciel,
25 et tâcher de vous retirer du précipice où vous courez. Oui, Dom Juan, je sais tous les dérèglements de votre vie, et ce même Ciel qui m'a touché le cœur et fait jeter les yeux sur les égarements de ma conduite, m'a inspiré de vous venir

---

1. *Flamme ... des sens* : amour purifié de toute relation sensuelle.

Dom Juan (Niels Arestrup) et Done Elvire (Irina Broot).
Mise en scène de Maurice Bénichou.
Bouffes du Nord, 1984.

trouver, et de vous dire, de sa part, que vos offenses ont
30 épuisé sa miséricorde, que sa colère redoutable est prête de[1]
tomber sur vous, qu'il est en vous[2] de l'éviter par un prompt
repentir, et que peut-être vous n'avez pas encore un jour à
vous pouvoir soustraire au plus grand de tous les malheurs.
Pour moi, je ne tiens plus à vous par aucun attachement du
35 monde ; je suis revenue, grâces au Ciel, de toutes mes folles
pensées ; ma retraite est résolue, et je ne demande qu'assez
de vie pour pouvoir expier la faute que j'ai faite, et mériter,
par une austère pénitence, le pardon de l'aveuglement où
m'ont plongée les transports d'une passion condamnable.
40 Mais, dans cette retraite, j'aurais une douleur extrême qu'une
personne que j'ai chérie tendrement devînt un exemple funeste
de la justice du Ciel ; et ce me sera une joie incroyable si je
puis vous porter à détourner de dessus votre tête l'épouvantable
coup qui vous menace. De grâce, Dom Juan, accordez-moi,
45 pour dernière faveur, cette douce consolation ; ne me refusez
point votre salut, que je vous demande avec larmes ; et si
vous n'êtes point touché de votre intérêt, soyez-le au moins
de mes prières, et m'épargnez le cruel déplaisir[3] de vous voir
condamner à des supplices éternels.

50 SGANARELLE. Pauvre femme !

DONE ELVIRE. Je vous ai aimé avec une tendresse extrême,
rien au monde ne m'a été si cher que vous ; j'ai oublié mon
devoir pour vous, j'ai fait toutes choses pour vous ; et toute
la récompense que je vous en demande, c'est de corriger votre
55 vie, et de prévenir[4] votre perte. Sauvez-vous, je vous prie, ou
pour l'amour de vous, ou pour l'amour de moi. Encore une

---

1. *Prête de* : sur le point de.
2. *Il est en vous* : il dépend de vous.
3. *M'épargnez le cruel déplaisir* : épargnez-moi la cruelle douleur.
4. *Prévenir* : éviter.

fois, Dom Juan, je vous le demande avec larmes ; et si ce
n'est assez des larmes d'une personne que vous avez aimée,
je vous en conjure par tout ce qui est le plus capable de vous
60 toucher.

SGANARELLE.   Cœur de tigre !

DONE ELVIRE.   Je m'en vais, après ce discours, et voilà tout
ce que j'avais à vous dire.

DOM JUAN.   Madame, il est tard, demeurez ici : on vous
65 y logera le mieux qu'on pourra.

DONE ELVIRE.   Non, Dom Juan, ne me retenez pas
davantage.

DOM JUAN.   Madame, vous me ferez plaisir de demeurer,
je vous assure.

70 DONE ELVIRE.   Non, vous dis-je, ne perdons point de temps
en discours superflus. Laissez-moi vite aller, ne faites aucune
instance[1] pour me conduire, et songez seulement à profiter
de mon avis.

---

1. *Instance :* sollicitation pressante.

Acte IV Scènes 4 et 6

LE PÈRE

1. La visite de Dom Louis n'a pas été annoncée, mais son nom a été prononcé une fois à l'acte III dans un contexte qui reparaît ici : essayez d'opérer le rapprochement. D'autre part, cette entrevue qui comporte embarras et insolence du côté de Dom Juan, reproches et imprécations du côté de son interlocuteur, en redouble une autre qui a eu lieu au début de la pièce : laquelle ? Vérifiez ces similitudes et comparez les résultats des deux scènes.

2. Étudiez la morale et le style de Dom Louis : autour de quelles valeurs son discours se construit-il ? Chez quel auteur du XVIIᵉ siècle retrouve-t-on de semblables tirades ? Relevez des alexandrins blancs, des parallélismes d'expression, des rythmes binaires et ternaires et les éléments d'une rhétorique de la véhémence (voir le Petit dictionnaire p. 170 à 173).

3. Dom Louis a la raison pour lui, mais il n'a pas forcément le beau rôle : qu'est-ce qui, dans sa conduite (telle qu'elle est exposée dans la première tirade), contredit sa morale ? Quel père a-t-il été pour Dom Juan ? Sur les plans stylistique et dramatique, qui l'emporte des deux, et pourquoi ?

L'ÉPOUSE

4. Dans quel « équipage » Elvire se présente-t-elle ? Pour quelle raison dramaturgique Molière lui fait-il préciser que la précédente conversation s'est déroulée « ce matin » ?

5. Analysez les ressemblances et les différences entre le rôle d'Elvire à la scène 6 et celui de Dom Louis à la scène 4. Du point de vue du style, montrez l'importance des adjectifs et des allitérations (voir p. 170) dans le discours d'Elvire. Comment interprétez-vous l'adjuration (voir p. 170) des lignes 59-60 : « par tout ce qui est le plus capable de vous toucher » ?

6. Pourquoi Molière fait-il réagir Sganarelle dans cette scène ? L'attitude de Dom Juan est-elle la même que face à son père ? N'évolue-t-elle pas au cours de la scène ? À qui Dom Juan tente-t-il de disputer Elvire ? Qui l'emporte, et que signifie cette victoire ?

SCÈNE 7. DOM JUAN, SGANARELLE, SUITE.

DOM JUAN. Sais-tu bien que j'ai encore senti quelque peu d'émotion pour elle, que j'ai trouvé de l'agrément dans cette nouveauté bizarre, et que son habit négligé, son air languissant et ses larmes ont réveillé en moi quelques petits restes d'un
5 feu éteint ?

SGANARELLE. C'est-à-dire que ses paroles n'ont fait aucun effet sur vous.

DOM JUAN. Vite à souper.

SGANARELLE. Fort bien.

10 DOM JUAN, *se mettant à table.* Sganarelle, il faut songer à s'amender pourtant.

SGANARELLE. Oui dea[1] !

DOM JUAN. Oui, ma foi ! il faut s'amender ; encore vingt ou trente ans de cette vie-ci, et puis nous songerons à nous.

15 SGANARELLE. Oh !

DOM JUAN. Qu'en dis-tu ?

SGANARELLE. Rien. Voilà le souper.

Il prend un morceau d'un des plats qu'on apporte et le met dans sa bouche.

DOM JUAN. Il me semble que tu as la joue enflée ; qu'est-ce que c'est ? Parle donc, qu'as-tu là ?

20 SGANARELLE. Rien.

DOM JUAN. Montre un peu. Parbleu ! c'est une fluxion qui lui est tombée sur la joue. Vite une lancette pour percer cela. Le pauvre garçon n'en peut plus, et cet abcès le pourrait étouffer. Attends : voyez comme il était mûr. Ah ! coquin
25 que vous êtes !

---

1. *Oui dea* : forme ancienne de « oui da » ; oui, assurément.

SGANARELLE. Ma foi ! Monsieur, je voulais voir si votre cuisinier n'avait point mis trop de sel ou trop de poivre.

DOM JUAN. Allons, mets-toi là, et mange. J'ai affaire de toi[1] quand j'aurai soupé. Tu as faim, à ce que je vois.

30 SGANARELLE *se met à table.* Je le crois bien, Monsieur : je n'ai point mangé depuis ce matin. Tâtez de cela, voilà qui est le meilleur du monde. *(Un laquais ôte les assiettes de Sganarelle d'abord[2] qu'il y a dessus à manger.)* Mon assiette, mon assiette ! tout doux, s'il vous plaît. Vertubleu ! petit compère, 35 que vous êtes habile à donner des assiettes nettes[3] ! et vous, petit la Violette, que vous savez présenter à boire à propos ! *Pendant qu'un laquais donne à boire à Sganarelle, l'autre laquais ôte encore son assiette.*

DOM JUAN. Qui peut frapper de cette sorte ?

SGANARELLE. Qui diable nous vient troubler dans notre repas ?

40 DOM JUAN. Je veux souper en repos au moins, et qu'on ne laisse entrer personne.

SGANARELLE. Laissez-moi faire, je m'y en vais moi-même.

DOM JUAN. Qu'est-ce donc ? Qu'y a-t-il ?

SGANARELLE, *baissant la tête comme a fait la Statue.* Le... qui 45 est là !

DOM JUAN. Allons voir, et montrons que rien ne me saurait ébranler.

SGANARELLE. Ah ! pauvre Sganarelle, où te cacheras-tu ?

---

1. *J'ai affaire de toi* : j'ai besoin de toi.
2. *D'abord* : aussitôt que.
3. *Nettes* : vides.

SCÈNE 8. DOM JUAN, LA STATUE
DU COMMANDEUR, *qui vient se mettre à table,*
SGANARELLE, SUITE.

DOM JUAN. Une chaise et un couvert, vite donc. *(À Sganarelle.)* Allons, mets-toi à table.

SGANARELLE. Monsieur, je n'ai plus de faim.

DOM JUAN. Mets-toi là, te dis-je. À boire. À la santé du
5 Commandeur : je te la porte[1], Sganarelle. Qu'on lui donne du vin.

Leporello (Malcolm King), Don Giovanni (José Van Dam) et la statue
du Commandeur dans l'opéra de Mozart. Mise en scène
de Karl-Ernst Herrmann. Théâtre musical de Paris, 1987.

---

1. *Je te la porte :* je t'invite à boire à la santé de notre hôte.

SGANARELLE.   Monsieur, je n'ai pas soif.

DOM JUAN.   Bois, et chante ta chanson, pour régaler[1] le Commandeur.

10 SGANARELLE.   Je suis enrhumé, Monsieur.

DOM JUAN.   Il n'importe. Allons. Vous autres, venez, accompagnez sa voix.

LA STATUE.   Dom Juan, c'est assez. Je vous invite à venir demain souper avec moi. En aurez-vous le courage ?

15 DOM JUAN.   Oui, j'irai, accompagné du seul Sganarelle.

SGANARELLE.   Je vous rends grâce, il est demain jeûne pour moi.

DOM JUAN, *à Sganarelle*.   Prends ce flambeau.

LA STATUE.   On n'a pas besoin de lumière, quand on est 20 conduit par le Ciel.

---

1. *Régaler :* fêter.

Acte IV Scène 8

1. Par qui cette scène était-elle attendue ? Pourquoi est-elle si courte et placée en fin d'acte ?
2. Comment le comique et le sérieux peuvent-ils coexister ici, et même se renforcer réciproquement ?
3. Montrez que la Statue a la même position dominante dans le dialogue que Dom Juan au cours des scènes précédentes. Comment comprenez-vous le « c'est assez » de la ligne 13 ? Analysez la dernière réplique (ton, forme, sens).
4. Devant le miracle, que deviennent les hypothèses que Dom Juan avait formulées sur la Statue lors de l'acte IV, scène 1 ? Quelles conséquences devrait-il en tirer ? Comment expliquez-vous sa conduite ? Pourquoi s'adresse-t-il surtout à son valet ?

Ensemble de l'acte IV

LA STRUCTURE

1. Quelle différence peut-on remarquer entre la localisation de l'acte IV et celle des actes antérieurs ?
2. Comme dans une comédie à sketches, des « fâcheux » viennent s'interposer tour à tour entre le protagoniste et la satisfaction de son désir : connaissez-vous d'autres pièces de Molière fonctionnant selon le même schéma ? Imaginez un titre pour cet acte. Nommez les « fâcheux » en question et justifiez l'ordre de leur apparition. Ces apparitions ont-elles un lien entre elles ? Qu'a ménagé Molière entre chacune d'elles ? Là aussi, on peut constater une progression : analysez-la.

LE TEMPS

3. Pourquoi peut-on dire que cet acte est pris dans un compte à rebours ? Dom Juan en a-t-il conscience ? Définissez son attitude par rapport au temps. Relevez les allusions au temps dans les propos de M. Dimanche, de Dom Louis, de Done Elvire. Montrez qu'elles vont toutes dans le même sens.
4. Pourquoi la Statue donne-t-elle un délai supplémentaire ? En quoi est-il exceptionnel, tant sur le plan moral que sur le plan dramaturgique ? Comparez ce délai avec celui de l'acte III (sc. 4).

Don Giovanni (François Le Roux) dans l'opéra de Mozart.
Mise en scène de Goran Jarvefelt.
Opéra-Comique, 1987.

Acte V

Le théâtre représente la campagne aux portes de la ville.

SCÈNE PREMIÈRE. DOM LOUIS, DOM JUAN, SGANARELLE.

DOM LOUIS. Quoi ? mon fils, serait-il possible que la bonté du Ciel eût exaucé mes vœux ? Ce que vous me dites est-il bien vrai ? Ne m'abusez-vous point d'un faux espoir, et puis-je prendre quelque assurance sur la nouveauté surprenante
5 d'une telle conversion ?

DOM JUAN, *faisant l'hypocrite.* Oui, vous me voyez revenu de toutes mes erreurs ; je ne suis plus le même d'hier au soir, et le Ciel tout d'un coup a fait en moi un changement qui va surprendre tout le monde : il a touché mon âme et
10 dessillé[1] mes yeux, et je regarde avec horreur le long aveuglement où j'ai été, et les désordres criminels de la vie que j'ai menée. J'en repasse dans mon esprit toutes les abominations, et m'étonne comme le Ciel les a pu souffrir si longtemps, et n'a pas vingt fois sur ma tête laissé tomber les
15 coups de sa justice redoutable. Je vois les grâces que sa bonté m'a faites en ne me punissant point de mes crimes ; et je prétends en profiter comme je dois, faire éclater[2] aux yeux du monde un soudain changement de vie, réparer par-là le scandale de mes actions passées, et m'efforcer d'en obtenir

---

1. *Dessillé :* ouvert.
2. *Faire éclater :* rendre évident.

20 du Ciel une pleine rémission[1]. C'est à quoi je vais travailler ;
et je vous prie, Monsieur, de vouloir bien contribuer à ce
dessein, et de m'aider vous-même à faire choix d'une personne
qui me serve de guide[2], et sous la conduite de qui je puisse
marcher sûrement dans le chemin où je m'en vais entrer.

25 DOM LOUIS. Ah ! mon fils, que la tendresse d'un père est
aisément rappelée, et que les offenses d'un fils s'évanouissent
vite au moindre mot de repentir ! Je ne me souviens plus
déjà de tous les déplaisirs que vous m'avez donnés, et tout
est effacé par les paroles que vous venez de me faire entendre.

30 Je ne me sens pas[3], je l'avoue ; je jette des larmes de joie ;
tous mes vœux sont satisfaits, et je n'ai plus rien désormais
à demander au Ciel. Embrassez-moi, mon fils, et persistez, je
vous conjure, dans cette louable pensée. Pour moi, j'en vais
tout de ce pas porter l'heureuse nouvelle à votre mère,

35 partager avec elle les doux transports du ravissement où je
suis, et rendre grâce au Ciel des saintes résolutions qu'il a
daigné vous inspirer.

SCÈNE 2. DOM JUAN, SGANARELLE.

SGANARELLE. Ah ! Monsieur, que j'ai de joie de vous voir
converti ! Il y a longtemps que j'attendais cela, et voilà, grâce
au Ciel, tous mes souhaits accomplis.

DOM JUAN. La peste le benêt !

5 SGANARELLE. Comment, le benêt ?

DOM JUAN. Quoi ? tu prends pour de bon argent ce que

---

1. *Rémission* : pardon.
2. *Guide* : directeur de conscience, conseiller spirituel.
3. *Je ne me sens pas* : je suis transporté (de bonheur).

je viens de dire, et tu crois que ma bouche était d'accord
avec mon cœur ?

SGANARELLE.   Quoi ? ce n'est pas... Vous ne... Votre... Oh !
10 quel homme ! quel homme ! quel homme !

DOM JUAN.   Non, non, je ne suis point changé, et mes
sentiments sont toujours les mêmes.

SGANARELLE.   Vous ne vous rendez pas à la surprenante
merveille de cette statue mouvante et parlante ?

15 DOM JUAN.   Il y a bien quelque chose là-dedans que je ne
comprends pas ; mais quoi que ce puisse être, cela n'est pas
capable ni de convaincre mon esprit, ni d'ébranler mon âme ;
et si j'ai dit que je voulais corriger ma conduite et me jeter
dans un train de vie exemplaire, c'est un dessein que j'ai
20 formé par pure politique[1], un stratagème utile, une grimace
nécessaire où[2] je veux me contraindre, pour ménager un père
dont j'ai besoin, et me mettre à couvert, du côté des hommes,
de cent fâcheuses aventures qui pourraient m'arriver. Je veux
bien, Sganarelle, t'en faire confidence, et je suis bien aise
25 d'avoir un témoin du fond de mon âme et des véritables
motifs qui m'obligent à faire les choses.

SGANARELLE.   Quoi ? vous ne croyez rien du tout, et vous
voulez cependant vous ériger en homme de bien ?

DOM JUAN.   Et pourquoi non ? Il y en a tant d'autres
30 comme moi, qui se mêlent de ce métier, et qui se servent
du même masque pour abuser le monde !

SGANARELLE.   Ah ! quel homme ! quel homme !

DOM JUAN.   Il n'y a plus de honte maintenant à cela :
l'hypocrisie est un vice à la mode, et tous les vices à la mode
35 passent pour vertus. Le personnage d'homme de bien est le
meilleur de tous les personnages qu'on puisse jouer aujourd'hui,

---

1. *Politique* : ruse.
2. *Où* : à laquelle.

et la profession d'hypocrite a de merveilleux avantages. C'est un art de qui[1] l'imposture est toujours respectée ; et quoiqu'on la découvre, on n'ose rien dire contre elle. Tous les autres
40 vices des hommes sont exposés à la censure, et chacun a la liberté de les attaquer hautement ; mais l'hypocrisie est un vice privilégié, qui, de sa main, ferme la bouche à tout le monde, et jouit en repos d'une impunité souveraine. On lie, à force de grimaces, une société étroite avec tous les gens du
45 parti[2]. Qui en choque[3] un se les jette tous sur les bras ; et ceux que l'on sait même agir de bonne foi là-dessus, et que chacun connaît pour être véritablement touchés[4], ceux-là, dis-je, sont toujours les dupes des autres ; ils donnent hautement dans le panneau des grimaciers et appuient aveuglément les
50 singes de leurs actions. Combien crois-tu que j'en connaisse qui, par ce stratagème, ont rhabillé[5] adroitement les désordres de leur jeunesse, qui se sont fait un bouclier du manteau de la religion, et, sous cet habit respecté, ont la permission d'être les plus méchants hommes du monde ? On a beau savoir
55 leurs intrigues et les connaître pour ce qu'ils sont, ils ne laissent pas pour cela d'être en crédit parmi les gens ; et quelque baissement de tête, un soupir mortifié[6], et deux roulements d'yeux rajustent dans le monde tout ce qu'ils peuvent faire. C'est sous cet abri favorable que je veux me
60 sauver, et mettre en sûreté mes affaires. Je ne quitterai point mes douces habitudes ; mais j'aurai soin de me cacher et me divertirai à petit bruit. Que si je viens à être découvert, je

---

1. *De qui* : dont.
2. *Du parti* : du parti des (faux) dévots. Molière parle aussi, plus loin, de la « cabale ».
3. *Choque* : offense.
4. *Véritablement touchés* : animés d'une dévotion sincère.
5. *Rhabillé* : recouvert, caché.
6. *Un soupir mortifié* : le soupir d'un dévot qui se mortifie, qui s'inflige des privations.

Gérard Desarthe dans le rôle de Dom Juan.
Mise en scène de Roger Planchon. Théâtre de l'Odéon, 1980.

verrai, sans me remuer, prendre mes intérêts à toute la cabale,
et je serai défendu par elle envers et contre tous. Enfin c'est
65 là le vrai moyen de faire impunément tout ce que je voudrai.
Je m'érigerai en censeur des actions d'autrui, jugerai mal[1] de
tout le monde, et n'aurai bonne opinion que de moi. Dès
qu'une fois on m'aura choqué tant soit peu, je ne pardonnerai
jamais et garderai tout doucement une haine irréconciliable.
70 Je ferai le vengeur des intérêts du Ciel, et, sous ce prétexte
commode, je pousserai[2] mes ennemis, je les accuserai d'impiété,
et saurai déchaîner contre eux des zélés indiscrets[3], qui, sans
connaissance de cause, crieront en public contre eux, qui les
accableront d'injures, et les damneront hautement de leur
75 autorité privée. C'est ainsi qu'il faut profiter des faiblesses
des hommes, et qu'un sage esprit s'accommode aux vices de
son siècle.

SGANARELLE. Ô Ciel ! qu'entends-je ici ? Il ne vous manquait
plus que d'être hypocrite pour vous achever de tout point,
80 et voilà le comble des abominations. Monsieur, cette dernière-
ci m'emporte[4] et je ne puis m'empêcher de parler. Faites-moi
tout ce qu'il vous plaira, battez-moi, assommez-moi de coups,
tuez-moi, si vous voulez : il faut que je décharge mon cœur,
et qu'en valet fidèle je vous dise ce que je dois. Sachez,
85 Monsieur, que tant va la cruche à l'eau qu'enfin elle se
brise ; et comme dit fort bien cet auteur que je ne connais
pas, l'homme est en ce monde ainsi que l'oiseau sur la
branche ; la branche est attachée à l'arbre ; qui s'attache à
l'arbre suit de bons préceptes ; les bons préceptes valent
90 mieux que les belles paroles ; les belles paroles se trouvent à

---

1. *Mal* : défavorablement.
2. *Je pousserai* : je harcèlerai.
3. *Des zélés indiscrets* : d'aveugles fanatiques.
4. *M'emporte* : me pousse à bout.

la cour ; à la cour sont les courtisans ; les courtisans suivent
la mode ; la mode vient de la fantaisie[1] ; la fantaisie est une
faculté de l'âme ; l'âme est ce qui nous donne la vie ; la vie
finit par la mort ; la mort nous fait penser au Ciel ; le Ciel
95 est au-dessus de la terre ; la terre n'est point la mer ; la mer
est sujette aux orages ; les orages tourmentent les vaisseaux ;
les vaisseaux ont besoin d'un bon pilote ; un bon pilote a de
la prudence ; la prudence n'est point dans les jeunes gens ;
les jeunes gens doivent obéissance aux vieux ; les vieux aiment
100 les richesses ; les richesses font les riches ; les riches ne sont
pas pauvres ; les pauvres ont de la nécessité ; nécessité n'a
point de loi ; qui n'a point de loi vit en bête brute ; et par
conséquent, vous serez damné[2] à tous les diables.

DOM JUAN.   Ô le beau raisonnement !

105 SGANARELLE.   Après cela, si vous ne vous rendez, tant pis
pour vous.

---

1. *Fantaisie :* imagination.
2. *Damné :* condamné pour l'éternité.

GUIDE DE LECTURE

Acte V Scène 2

MOLIÈRE RÈGLE SES COMPTES

1. Où en est la querelle du *Tartuffe* lorsque Molière écrit *Dom Juan* ? Qu'est-ce qui indique, dans la première partie de la tirade de Dom Juan, que le discours vient plus de l'auteur que du personnage et s'adresse aux spectateurs plutôt qu'à Sganarelle ? Relevez les concordances de thème et d'expression avec les Placets et la Préface du *Tartuffe*. Montrez que Molière retourne ici contre les « dévots » le portrait qu'ils ont tracé de lui. À quel sort promet-il implicitement ses détracteurs ?

2. Existe-t-il dans *le Tartuffe* une scène analogue à celle-ci, où l'imposteur s'avoue tel ? Si l'hypocrite reconnaît son hypocrisie, quelle autre dénomination lui conviendrait mieux ? Comment Dom Juan peut-il tenir à la fois le discours de Molière et celui de ses adversaires ?

HYPOCRISIE ET DRAMATURGIE

3. La conversion de Dom Juan va-t-elle à l'encontre de la vraisemblance ? Citez une pièce du XVIIᵉ siècle où un personnage est brusquement touché par la grâce .

4. Dom Juan n'avait-il pas donné des preuves d'hypocrisie bien avant l'acte V ? Que traduit cependant chez lui le passage de la bravade et de l'insolence à la dissimulation systématique ? Quels sont, dans les périls qui le menacent, les avantages précis qu'il espère tirer de l'hypocrisie ?
Pourquoi se confie-t-il à Sganarelle ? Notez, dans la peinture que fait Dom Juan de l'hypocrisie, les métaphores (voir p. 171) qui renvoient à l'univers du théâtre, ainsi que le recours à l'allégorie (voir p. 170).

5. En quoi la nouvelle attitude de Dom Juan le rabaisse-t-elle, en un sens, au niveau de Sganarelle ? Quelle supériorité le maître conserve-t-il pourtant ? Rapprochez le « raisonnement » de Sganarelle ici et celui qu'il tient à l'acte III, scène 1. N'est-ce pas, symboliquement, l'échec d'une conception didactique (voir p. 171) de la comédie ? Pourquoi ?

SCÈNE 3. DOM CARLOS, DOM JUAN, SGANARELLE.

DOM CARLOS. Dom Juan, je vous trouve à propos, et suis bien aise de vous parler ici plutôt que chez vous, pour vous demander vos résolutions. Vous savez que ce soin me regarde, et que je me suis en votre présence chargé de cette affaire.
5 Pour moi je ne le cèle point, je souhaite fort que les choses aillent dans la douceur ; et il n'y a rien que je ne fasse pour porter votre esprit à vouloir prendre cette voie, et pour vous voir publiquement confirmer à ma sœur le nom de votre femme.

10 DOM JUAN, *d'un ton hypocrite.* Hélas ! je voudrais bien, de tout mon cœur, vous donner la satisfaction que vous souhaitez ; mais le Ciel s'y oppose directement : il a inspiré à mon âme le dessein de changer de vie, et je n'ai point d'autres pensées maintenant que de quitter entièrement tous
15 les attachements du monde, de me dépouiller au plus tôt de toutes sortes de vanités, et de corriger désormais par une austère conduite tous les dérèglements criminels où m'a porté le feu d'une aveugle jeunesse.

DOM CARLOS. Ce dessein, Dom Juan, ne choque point[1]
20 ce que je dis ; et la compagnie d'une femme légitime peut bien s'accommoder avec les louables pensées que le Ciel vous inspire.

DOM JUAN. Hélas ! point du tout. C'est un dessein que votre sœur elle-même a pris : elle a résolu sa retraite, et nous
25 avons été touchés tous deux en même temps.

DOM CARLOS. Sa retraite ne peut nous satisfaire, pouvant être imputée au mépris que vous feriez d'elle et de notre famille ; et notre honneur demande qu'elle vive avec vous.

---

1. *Ne choque point :* ne contredit point.

DOM JUAN.   Je vous assure que cela ne se peut. J'en avais,
30 pour moi, toutes les envies du monde, et je me suis même
encore aujourd'hui conseillé au Ciel[1] pour cela ; mais, lorsque
je l'ai consulté, j'ai entendu une voix qui m'a dit que je ne
devais point songer à votre sœur, et qu'avec elle assurément
je ne ferais point mon salut.

35 DOM CARLOS.   Croyez-vous, Dom Juan, nous éblouir[2] par
ces belles excuses ?

DOM JUAN.   J'obéis à la voix du Ciel.

DOM CARLOS.   Quoi ? vous voulez que je me paye d'un
semblable discours ?

40 DOM JUAN.   C'est le Ciel qui le veut ainsi.

DOM CARLOS.   Vous aurez fait sortir ma sœur d'un couvent,
pour la laisser ensuite ?

DOM JUAN.   Le Ciel l'ordonne de la sorte.

DOM CARLOS.   Nous souffrirons cette tache en notre
45 famille ?

DOM JUAN.   Prenez-vous-en au Ciel.

DOM CARLOS.   Et quoi ? toujours le Ciel ?

DOM JUAN.   Le Ciel le souhaite comme cela.

DOM CARLOS.   Il suffit, Dom Juan, je vous entends[3]. Ce
50 n'est pas ici que je veux vous prendre[4], et le lieu ne le souffre
pas ; mais, avant qu'il soit peu, je saurai vous trouver.

DOM JUAN.   Vous ferez ce que vous voudrez ; vous savez
que je ne manque point de cœur, et que je sais me servir de
mon épée quand il le faut. Je m'en vais passer tout à l'heure
55 dans cette petite rue écartée qui mène au grand couvent ;
mais je vous déclare, pour moi, que ce n'est point moi qui

---

1. *Je me suis ... au Ciel* : j'ai pris conseil du Ciel.
2. *Éblouir* : abuser, tromper.
3. *Je vous entends* : j'ai compris votre tactique.
4. *Vous prendre* : me battre en duel avec vous.

me veux battre : le Ciel m'en défend la pensée ; et si vous m'attaquez, nous verrons ce qui en arrivera.

DOM CARLOS.   Nous verrons, de vrai, nous verrons.

SCÈNE 4.   DOM JUAN, SGANARELLE.

SGANARELLE.   Monsieur, quel diable de style prenez-vous là ? Ceci est bien pis que le reste, et je vous aimerais bien mieux encore comme vous étiez auparavant. J'espérais toujours de votre salut ; mais c'est maintenant que j'en désespère ; et
5 je crois que le Ciel, qui vous a souffert jusques ici, ne pourra souffrir du tout cette dernière horreur.

DOM JUAN.   Va, va, le Ciel n'est pas si exact[1] que tu penses ; et si toutes les fois que les hommes...

SGANARELLE.   Ah ! Monsieur, c'est le Ciel qui vous parle,
10 et c'est un avis qu'il vous donne.

DOM JUAN.   Si le Ciel me donne un avis, il faut qu'il parle un peu plus clairement, s'il veut que je l'entende.

SCÈNE 5.   DOM JUAN, UN SPECTRE, *en femme voilée*, SGANARELLE.

LE SPECTRE.   Dom Juan n'a plus qu'un moment à pouvoir profiter de la miséricorde du Ciel ; et s'il ne se repent ici[2], sa perte est résolue.

SGANARELLE.   Entendez-vous, Monsieur ?

---

1. *Exact :* strict.
2. *Ici :* maintenant.

5 DOM JUAN.   Qui ose tenir ces paroles ? Je crois connaître cette voix.

SGANARELLE.   Ah ! Monsieur, c'est un spectre : je le reconnais au marcher[1].

DOM JUAN.   Spectre, fantôme, ou diable, je veux voir ce 10 que c'est.

Le Spectre change de figure et représente le Temps avec sa faux à la main.

SGANARELLE.   Ô Ciel ! voyez-vous, Monsieur, ce changement de figure ?

DOM JUAN.   Non, non, rien n'est capable de m'imprimer de la terreur, et je veux éprouver avec mon épée si c'est un 15 corps ou un esprit.

Le Spectre s'envole dans le temps que Dom Juan le veut frapper.

SGANARELLE.   Ah ! Monsieur, rendez-vous à tant de preuves, et jetez-vous vite dans le repentir.

DOM JUAN.   Non, non, il ne sera pas dit, quoi qu'il arrive, que je sois capable de me repentir. Allons, suis-moi

SCÈNE 6.   LA STATUE, DOM JUAN, SGANARELLE.

LA STATUE.   Arrêtez, Dom Juan : vous m'avez hier donné parole de venir manger avec moi.

DOM JUAN.   Oui. Où faut-il aller ?

LA STATUE.   Donnez-moi la main.

5 DOM JUAN.   La voilà.

---

1. *Au marcher* : à sa façon d'avancer.

LA STATUE.   Dom Juan, l'endurcissement au péché[1] traîne[2] une mort funeste, et les grâces du Ciel que l'on renvoie ouvrent un chemin à sa foudre.

DOM JUAN.   Ô Ciel ! que sens-je ? Un feu invisible me
10 brûle, je n'en puis plus et tout mon corps devient un brasier ardent. Ah !

Le tonnerre tombe avec un grand bruit et de grands éclairs sur Dom Juan ; la terre s'ouvre et l'abîme ; et il sort de grands feux de l'endroit où il est tombé.

SGANARELLE.   [Ah ! mes gages, mes gages !] Voilà par sa mort un chacun satisfait : Ciel offensé, lois violées, filles séduites, familles déshonorées, parents outragés, femmes mises
15 à mal, maris poussés à bout, tout le monde est content. Il n'y a que moi seul de malheureux. [Mes gages, mes gages, mes gages !]

J. B. P. de Molière

---

1. *L'endurcissement au péché :* la perte du sens moral.
2. *Traîne :* entraîne.

Acte V Scène 6

LE CHÂTIMENT

1. Pourquoi la Statue répète-t-elle le nom de Dom Juan ? En quoi ce dernier se montre-t-il fidèle à lui-même ? Pourquoi le châtiment de Dom Juan commence-t-il par une main donnée ? Pourquoi Dom Juan décrit-il sa mort ? S'agit-il exactement de mort ?

2. Comment comprenez-vous ce jugement que le philosophe H. Gouhier (né en 1899) exprime dans un article de *la Table ronde* (numéro spécial de novembre 1957) : « Le finale de *Dom Juan* relève du merveilleux, non du surnaturel » ? Comparez-le avec le dénouement d'un drame sacré comme *Athalie* de Racine. Expliquez, selon la théologie catholique, le verdict de la Statue.

L'ORAISON FUNÈBRE

3. Pourquoi a-t-on censuré l'exclamation de Sganarelle : « Ah ! mes gages, mes gages ! » ? Explicitez les différents « chefs d'inculpation » énumérés par Sganarelle. Essayez d'associer chaque cas à un personnage évoqué dans la pièce. La morale de l'histoire est-elle exprimée de la même façon par la Statue et par Sganarelle ? Le fait qu'il ne partage pas le sort de son maître équivaut-il, de la part du Ciel, à une approbation de sa conduite ?

Ensemble de l'acte V

1. Combien de scènes la séquence sur l'hypocrisie couvre-t-elle ? Montrez que Molière fait alterner théorie et pratique de l'hypocrisie. Cette méthode employée par Dom Juan est-elle efficace ? Pensez-vous qu'elle puisse irriter particulièrement le Ciel ? Pourquoi ? Vérifiez dans la scène 3 qu'elle peut se combiner avec l'attitude de provocation chère à Dom Juan.

2. Retrouvez dans la VIIᵉ *Provinciale* de Pascal la source des propos de Dom Juan sur le duel à la fin de la scène 3.

3. Énumérez les avertissements qui sont adressés à Dom Juan au cours de l'acte. Quelle atmosphère créent-ils ? Est-ce son rationalisme qui empêche Dom Juan de croire au Spectre ? Justifiez votre réponse. À quel moment précis tombe l'arrêt du Ciel ?

Documentation thématique

Index des principaux thèmes de l'œuvre

Destins de Don Juan

Don Juan devant les femmes

Pêcheuse et pécheresse

Tirso de Molina (1583-1648) est le créateur du personnage de
Don Juan (que Molière écrira *Dom* Juan ; il y a d'ailleurs
deux orthographes différentes, selon que l'on parle des « Dom
Juan » créés en France au XVIIe siècle ou du mythe de « Don
Juan » et de ses adaptations à d'autres époques ou dans
d'autres pays). On ne peut guère imputer à Tirso de Molina,
comme on le fit pour Molière, d'avoir voulu écrire en 1630
avec son *Burlador de Sevilla y convidado de piedra (l'Abuseur de
Séville et le Convive de pierre)* une pièce impie : l'intention de
Tirso, moine de l'ordre de la Merci (ordre religieux fondé au
XIIIe siècle pour le rachat des esclaves chrétiens captifs des
musulmans), était au contraire de mettre en garde les
spectatrices contre les pièges des séducteurs, et les émules de
Don Juan contre l'implacabilité d'une justice divine qui, par
sa sévérité, rappelle plus l'Ancien Testament que le
Nouveau : « Œil pour œil, dent pour dent », s'écrie à la fin
la Statue.

Dans cette scène de l'acte I, comparable à la scène entre
Charlotte et Dom Juan chez Molière, la victime du *Burlador*
est Thisbé, une jeune pêcheuse de Tarragone.

THISBÉ. L'instant où je suis sans toi, je ne suis plus en moi-
même.
DON JUAN. Pour de pareils propos, je ne t'accorde aucun
crédit.
THISBÉ. Pourquoi ?

DON JUAN.   Parce que si tu m'aimais, tes faveurs combleraient mon cœur.

THISBÉ.   Je suis tienne.

DON JUAN.   Alors, dis, qu'attends-tu, qu'est-ce qui t'arrête, ma dame ?

THISBÉ.   Je pense que l'amour en toi m'a réservé son châtiment.

DON JUAN.   Si je peux vivre dans ta chair, mon bien, à n'importe quoi je m'engage. Même si je savais perdre pour ton service ma vie, je la donnerais pour bien perdue, et je promets d'être ton époux.

THISBÉ.   Je ne suis pas ton égale.

DON JUAN.   Amour est roi qui de sa juste loi rend la bure égale à la soie.

THISBÉ.   Je suis bien tentée de te croire, mais vous les hommes, vous êtes si perfides.

DON JUAN.   Se peut-il, mon bien, que tu méconnaisses la sincérité de mon amour ? Aujourd'hui, dans tes cheveux, tu captives mon cœur.

THISBÉ.   Et moi, sur ta parole, à toi je me soumets, si tu me donnes ta main d'époux.

DON JUAN.   Je vous jure, beaux yeux qui d'un regard m'assassinez, que je serai votre mari.

THISBÉ.   Considère, mon bien, qu'il y a Dieu et qu'il y a la mort.

DON JUAN.   Bien lointaine est votre échéance ! Tant que Dieu me prêtera vie, je serai votre esclave. Voici ma main, voici ma foi.

THISBÉ.   À te donner la récompense, je ne me montrerai pas rebelle.

DON JUAN.   Je ne peux plus me contenir.

THISBÉ.   Viens, et que ma cabane soit par l'amour qui m'accompagne un thalame [= une chambre nuptiale] pour notre feu. Cache-toi parmi ces roseaux, jusqu'à ce que je trouve un moment favorable.

DON JUAN.   Par où devrai-je entrer ?

THISBÉ.   Viens, et je te montrerai par où.

DON JUAN.   Quel paradis, mon bien, vous offrez à mon cœur !

Thisbé. Que cet amour t'engage, et sinon que Dieu te punisse !

Don Juan. Bien lointaine est votre échéance !

> Tirso de Molina, *l'Abuseur de Séville* (acte I), 1630, traduction de P. Guenoun, Aubier-Montaigne, 1962.

L'anti-Don Juan

Le séducteur ne fait pas qu'une victime : entre lui et la femme consentante, il y a aussi l'amoureux véritable, dépouillé de son bien le plus précieux sans avoir pourtant démérité. Ce personnage de l'amoureux apparaît peu ou bien, comme le Pierrot de Molière, il est ridiculisé. Henri de Régnier (1864-1936), poète symboliste mais aussi romancier et dramaturge, lui donne la parole dans *les Scrupules de Sganarelle*. Pour comprendre Don Juan, il suffit d'inverser les valeurs ici défendues par Léandre : au lieu de la durée, l'instant ; au lieu de la sincérité, le mensonge ; au lieu du bonheur, la passion.

Léandre. Quel tort a-t-elle jamais eu envers vous, Don Juan, cette enfant qui est devant vous ? Elle est pure, douce, tendre. Pourquoi êtes-vous venu troubler son repos ? Avant de vous avoir vu, elle était contente de son existence simple et tranquille et elle eût accepté de la continuer avec quelque honnête homme qui l'eût aimée. Elle aurait vécu heureuse et respectée, à son foyer dont elle n'aurait connu que les joies simples, mais durables. Au lieu de cela, il a suffi que vous parussiez. Il lui a suffi d'entrevoir, au coin d'une rue, votre visage maudit et cet habit rouge qui est, sur vous, moins l'accoutrement d'un gentilhomme que la livrée même de Satan, pour lui pervertir l'esprit et lui tourmenter le cœur. Dès lors, rien de ce qui composait son existence ordinaire n'a plus compté pour elle. Elle a tout oublié, et vous avez détruit en elle l'édifice de la paix pour y substituer l'autel brûlant de l'amour. La couleur de feu que vous portez lui a communiqué sa dangereuse flamme dont il ne restera un jour en elle que des cendres amères et empoisonnées. Vous êtes parvenu jusqu'à elle, je ne sais par quels moyens, mais avec une rapidité qui stupéfie, et la voici devant vous, Don Juan, fascinée et presque perdue, prête à augmenter la suite de ces misérables dont vous traînez après vous les ombres gémissantes et accusatrices. Comme celles-là, Don Juan, vous la mènerez à sa perte et vous l'abandonnerez à sa douleur, comme celles-là vous la quitterez, car il vous quittera, Angélique, il vous délaissera, il vous oubliera.

ANGÉLIQUE. Ô Don Juan, depuis que j'ai entendu ta voix, je sais qu'elle est trompeuse et mensongère ! Ô cher amant, oui je sais que par toi je souffrirai et que je pleurerai, que je connaîtrai l'angoisse, le désespoir et l'abandon, mais aussi je connaîtrai l'ivresse du cœur, je connaîtrai l'amour. Léandre, Léandre, éloignez-vous.

Henri de Régnier, *les Scrupules de Sganarelle* (acte III),
Mercure de France, 1908.

La double agression

L'illustre *Don Giovanni* de Mozart (1756-1791), dont Da Ponte (1749-1838) a écrit le livret, fut créé à Prague en 1787. La musique, qui s'adresse directement à la sensibilité (alors que la parole s'adresse d'abord à l'intelligence), permet mieux que le théâtre de déployer la sensualité de Don Juan. Et, par là, l'opéra de Mozart résume en apothéose un siècle qui, plus que tout autre, a rêvé la figure du séducteur, que ce soit à travers la réalité (Casanova) ou les créations de la fiction (le Lovelace de Richardson dans *Clarisse Harlowe,* 1747-1748 ; le Valmont de Laclos dans *les Liaisons dangereuses,* 1782 ; etc.). Le rideau se lève ici sur une scène absente chez Molière, mais qui permet un puissant effet de symétrie avec le dénouement et qui mêle dans une proximité tragique le désir et la mort.

(Dans ce texte, Leporello est le valet de Don Juan.)

Un jardin la nuit. Leporello, dans une grande cape, se promène devant la maison de Donna Anna avec une lanterne, puis Don Juan et Donna Anna ; enfin le Commandeur. Leporello entre par la droite, une lanterne à la main.

LEPORELLO. Peiner nuit et jour pour quelqu'un qui ne sait

pas dire merci, supporter la pluie et le vent, manger mal et mal dormir !

Je veux faire le gentilhomme, et ne veux plus servir.

Oh ! l'aimable galant homme ! Il est au chaud avec sa belle, et moi je fais la sentinelle !

Je veux faire le gentilhomme, et ne veux plus servir.

Mais je crois qu'on vient...

Je ne veux pas qu'on m'entende.

Il se retire. Don Juan sort du palais du Commandeur suivi de Donna Anna ; il cherche à se couvrir le visage et il est enveloppé d'un long manteau.

ANNA, *retenant Don Juan.* N'espère pas, si tu ne me tues, que je te laisse jamais t'enfuir.

DON JUAN, *cherchant toujours à se dissimuler.* Folle, c'est en vain que tu cries ; tu ne sauras jamais qui je suis.

LEPORELLO, *s'avançant ; à part.* Quel tumulte ! Oh ciel, quels cris ! Voilà mon maître de nouveau dans le pétrin !

ANNA. À moi ! Serviteurs ! Au traître !

DON JUAN. Tais-toi, et crains ma fureur !

ANNA. Scélérat !

DON JUAN. Insensée ! *À part.* Cette furie désespérée veut mon malheur !

ANNA. Comme une furie désespérée, je saurai te poursuivre.

LEPORELLO, *à part.* Vous allez voir que le coquin va me mettre dans de beaux draps.

LE COMMANDEUR, *avec une épée et une lanterne.* Laisse-la, indigne ! Bats-toi avec moi !

Donna Anna, entendant la voix de son père, laisse Don Juan et rentre dans la maison.

DON JUAN. Va ! Je ne daigne pas te combattre !

LE COMMANDEUR. C'est ainsi que tu prétends m'échapper ?

LEPORELLO, *à part.* Si, au moins, je pouvais partir !

DON JUAN. Misérable ! Attends, si tu veux mourir !

Ils se battent. Le Commandeur est mortellement blessé.

LE COMMANDEUR. Au secours ! Je suis trahi... L'assassin m'a blessé... et je sens que mon âme va quitter cette poitrine palpitante...

La mort du Commandeur dans *Don Giovanni* de Mozart.
Donna Anna (Michèle Lagrange) et son fiancé,
Don Ottavio (Thierry Drau), devant le corps du Commandeur.
Opéra mis en scène par Goran Jarvefelt. Opéra-Comique, 1987.

136

DON JUAN, *à part*.   Déjà le malheureux est tombé...
Déjà je vois son âme, privée de souffle et agonisante, quitter
cette poitrine palpitante.
Le Commandeur meurt.

LEPORELLO, *à part*.   Quel crime affreux, quel excès ! Je sens,
dans ma poitrine, mon cœur palpiter d'épouvante. Je ne sais
que faire ni que dire.

Da Ponte, *Don Giovanni* (acte I), 1787,
dans *Mémoires et livrets* ; traduction de J.-F. Labie,
Librairie Générale Française, 1980.

Don Juan devant l'au-delà

Don Juan aux enfers

Dans « Spleen et Idéal », la première partie des *Fleurs du mal,*
Baudelaire (1821-1867) imagine l'épilogue éternel du drame :
Don Juan non pas jeté dans le feu de l'enfer chrétien, mais
dans le sombre abîme des enfers païens. Dernier voyage,
inspiré peut-être par le *Dante et Virgile aux enfers* de Delacroix,
pour cet homme de l'essentielle mobilité. Il demeure cependant
dans la mort ce qu'il a été dans sa vie : l'indifférent.

Pour l'intelligence du texte, rappelons que Charon, dans la
mythologie, est celui qui pilote la barque des morts et
qu'Antisthène est le philosophe qui fonda l'école cynique.

Quand Don Juan descendit vers l'onde souterraine
Et lorsqu'il eut donné son obole à Charon,
Un sombre mendiant, l'œil fier comme Antisthène,
D'un bras vengeur et fort saisit chaque aviron.

Montrant leurs seins pendants et leurs robes ouvertes,
Des femmes se tordaient sous le noir firmament,
Et, comme un grand troupeau de victimes offertes,
Derrière lui traînaient un long mugissement.

Sganarelle en riant lui réclamait ses gages,
Tandis que Don Luis avec un doigt tremblant

137

Montrait à tous les morts errant sur les rivages
Le fils audacieux qui railla son front blanc.

Frissonnant sous son deuil, la chaste et maigre Elvire,
Près de l'époux perfide et qui fut son amant,
Semblait lui réclamer un suprême sourire
Où brillât la douceur de son premier serment.

Tout droit dans son armure, un grand homme de pierre
Se tenait à la barre et coupait le flot noir,
Mais le calme héros, courbé sur sa rapière,
Regardait le sillage et ne daignait rien voir.

Charles Baudelaire, *les Fleurs du mal* (XV), 1857.

La conversion de Don Juan

Maître de la nouvelle, Prosper Mérimée (1803-1870) fixe dans *les Âmes du purgatoire* l'image romantique de l'Espagne : une juxtaposition d'ardeur sentimentale et de ferveur mystique qui trouve son unité dans la recherche violente d'un absolu, qu'il soit maléfique ou divin. Don Juan de Maraña incarne successivement ces deux sollicitations, puisque, après avoir vécu l'existence effrénée d'un libertin, il finira dans un couvent. Le sens de sa destinée s'inverse lors de l'épisode suivant, où Don Juan s'apprête à enlever de nuit une religieuse. Les personnages qui lui apparaissent, Don Garcia et Gomare, sont deux de ses amis tués en état de péché mortel.

Le nombre des pénitents et la pompe du cortège le surprirent et piquèrent sa curiosité. La procession se dirigeant vers une église voisine dont les portes venaient de s'ouvrir avec bruit, Don Juan arrêta par la manche une des figures qui portaient des cierges et lui demanda poliment quelle était la personne qu'on allait enterrer. Le pénitent leva la tête : sa figure était pâle et décharnée comme celle d'un homme qui sort d'une longue et douloureuse maladie. Il répondit d'une voix sépulcrale :
« C'est le comte Don Juan de Maraña. »
Cette étrange réponse fit dresser les cheveux sur la tête de

Don Juan ; mais l'instant d'après il reprit son sang-froid et se mit à sourire.

« J'aurai mal entendu, se dit-il, ou ce vieillard se sera trompé. »

Il entra dans l'église en même temps que la procession. Les chants funèbres recommencèrent, accompagnés par le son éclatant de l'orgue ; et des prêtres vêtus de chapes de deuil entonnèrent le *De profundis*. Malgré ses efforts pour paraître calme, Don Juan sentit son sang se figer. S'approchant d'un autre pénitent, il lui dit :

« Quel est donc le mort qu'on enterre ?

— Le comte Don Juan de Maraña », répondit le pénitent d'une voix creuse et effrayante.

Don Juan s'appuya contre une colonne pour ne pas tomber. Il se sentait défaillir, et tout son courage l'avait abandonné. Cependant le service continuait, et les voûtes de l'église grossissaient encore les éclats de l'orgue et des voix qui chantaient le terrible *Dies irae*. Il lui semblait entendre les chœurs des anges au jugement dernier. Enfin, faisant un effort, il saisit la main d'un prêtre qui passait près de lui. Cette main était froide comme du marbre.

« Au nom du Ciel ! mon père, s'écria-t-il, pour qui priez-vous ici, et qui êtes-vous ?

— Nous prions pour le comte Don Juan de Maraña, répondit le prêtre en le regardant fixement avec une expression de douleur. Nous prions pour son âme, qui est en péché mortel, et nous sommes des âmes que les messes et les prières de sa mère ont tirées des flammes du purgatoire. Nous payons au fils la dette de la mère ; mais cette messe, c'est la dernière qu'il nous est permis de dire pour l'âme du comte Don Juan de Maraña. »

En ce moment l'horloge de l'église sonna un coup : c'était l'heure fixée pour l'enlèvement de Teresa.

« Le temps est venu, s'écria une voix qui partait d'un angle obscur de l'église, le temps est venu ! est-il à nous ? »

Don Juan tourna la tête et vit une apparition horrible. Don Garcia, pâle et sanglant, s'avançait avec le capitaine Gomare, dont les traits étaient encore agités d'horribles convulsions. Ils se dirigèrent tous deux vers la bière, et Don Garcia, en jetant le couvercle à terre avec violence, répéta : « Est-il à nous ? » En même temps un serpent gigantesque s'éleva derrière lui, et, le dépassant de plusieurs pieds, semblait prêt à s'élancer dans la bière... Don Juan s'écria : « Jésus » et tomba évanoui sur le pavé.

Prosper Mérimée, *les Âmes du purgatoire*, 1834.

Saint Don Juan

Milosz (1877-1939) est un poète aristocrate d'origine litua-nienne mais d'expression française. Son « mystère en six tableaux » intitulé *Miguel Mañara* (1912) décrit l'évolution de Don Juan depuis l'âge de trente ans jusqu'à sa mort. D'abord rassasié jusqu'au désespoir de sa vie de débauche, il découvre l'amour en la personne de la jeune et pure Girolama Carillo, qui meurt trois mois après leur mariage. L'ancien libertin entre alors au couvent de la Caridad à Séville, où il atteint, au fil de longues années, à la sainteté. Voici la prière qu'il adresse à Dieu au matin de son dernier jour.

Seigneur, Seigneur, donnez nous notre espoir quotidien !
Ô Père et Fils, donnez-nous notre courage quotidien !
Comme le mendiant lépreux, le dos collé à la muraille, tend son écuelle vers la soupe, ainsi tendrai-je mon jeune cœur vers la chaleur embaumée de l'amoureuse vie !
Donnez-moi ma ration quotidienne d'amour et mesurez-la-moi très généreusement, à cause des autres : afin que j'aille, repu, vers ceux qui ne vous aiment pas et qui m'insultent ; et que je dise : telle est sa libéralité. Car ce ne sont point là ses dons du cœur, mais seulement les miettes balayées de sa nappe ; et voici ce qui reste dans l'écuelle du serviteur indigne et repu.
Ô rue ! ô ville ! ô royaume ! ô terre ! viens et mange !
Car tel est le Très-Haut, car tel est le Seigneur Amour !
Je suis Mañara, celui qui ment lorsqu'il dit : j'aime. Et parce que j'ai dit à l'Éternel que je l'aimais, mon cœur est joyeux et mes mains sont désirables comme des pains.
Que dit Paul le mauvais cœur, et que dit Marie la

prostituée ? Que cela qui a été volé et perdu a été volé et perdu.

Je suis Mañara. Et celui que j'aime me dit : ces choses n'ont pas été. S'il a dérobé, s'il a tué : que ces choses n'aient pas été ! Lui seul est.

O.V. de L. Milosz, *Miguel Mañara* (VIe tableau), 1912, rééd. André Silvaire, 1957.

Pourquoi peut-on parler des « destins de Don Juan » ? Parce que, d'un écrivain à l'autre, les récits divergent à un certain moment de la vie du héros. Pour la première phase, tous s'accordent à peindre un gentilhomme qui court de galanterie en galanterie, trompant les femmes par de fallacieuses demandes en mariage. Sa tactique de séducteur se réduit essentiellement à cette promesse (voir la scène de Tirso de Molina) et confine même au stéréotype dans le texte de Molière. Au fur et à mesure que le mythe donjuanesque se développe, le conquérant est si bien présenté comme irrésistible que les femmes lui cèdent tout en sachant pertinemment (c'est le cas d'Angélique chez Henri de Régnier) qu'elles seront abandonnées et malheureuses. Mais Don Juan ne se contente pas de séduire, il tue (le Commandeur est assassiné dès la première scène de l'opéra de Mozart) et il blasphème. Son existence est un véritable défi lancé à Dieu.

Dès lors, deux issues sont concevables et donnent lieu à deux légendes de Don Juan : l'une, impitoyable ; l'autre, miséricordieuse. Selon la première version, le châtiment céleste s'abat avec fracas sur le libertin, qui est englouti dans l'abîme. Il peut manifester sa souffrance par des plaintes et des cris, qui viennent remplacer dans sa bouche l'ironie et le sarcasme ; il peut au contraire garder un silence dédaigneux (c'est le Don Juan de Baudelaire) attestant que, jusque dans l'éternité, il refuse de se repentir. Une seconde version, fondée sur la vie de Miguel de Mañara (1627-1679), concurrence toutefois la première. C'est ainsi que Don Juan Tenorio, damné par Molière et avant lui par Tirso, devient chez Mérimée le converti Don Juan de Maraña qui demande à être enterré sous l'inscription : « Ci-gît le pire homme qui fût au monde. » Mais n'est-ce pas encore une forme d'orgueil ? Le Miguel Mañara de Milosz va plus haut dans la spiritualité : il finit par dépasser le remords pour n'être plus que reconnaissance devant le pardon divin. L'homme qui aimait les femmes a été converti à l'amour d'une seule par celle-là même qui lui a résisté, avant de parvenir à l'amour d'un Dieu que précisément il appelle « le Seigneur Amour ».

La richesse du mythe de Don Juan tient en bonne partie aux interprétations contradictoires qu'il suscite : ou bien l'on verra en lui le Grand Révolté, dont le parcours répète celui de Lucifer (le plus beau des anges devenu Satan par sa chute) ; ou bien on en fera le Grand Racheté, dont la quête insatisfaisante, puisque toujours recommencée, passe de la luxure à l'ascèse pour s'achever dans l'absolu de Dieu.

Annexes

Les sources de *Dom Juan*

Les sources littéraires

Le *Dom Juan* de Molière s'inscrit dans une tradition, récente certes, mais dont les grands traits sont déjà fixés en 1665. À l'origine, *l'Abuseur de Séville et le Convive de pierre* (1630) de l'Espagnol Tirso de Molina, *comedia* en trois « journées » (c'est-à-dire en trois actes) et en vers. L'action y est mouvementée comme dans un roman picaresque, puisqu'elle se déroule successivement à Naples, sur la plage espagnole de Tarragone, à Séville, dans le village de Dos Hermanas puis de nouveau à Séville. Les épisodes principaux sont tous redoublés : deux fois, Don Juan prend auprès d'une jeune fille noble la place de son amoureux ; deux fois, il séduit et abandonne une paysanne ; deux fois enfin, il dîne avec la statue du Commandeur. Au cours du dernier repas, Don Juan accepte de mettre sa main dans celle de la Statue et meurt embrasé. Molière n'a sans doute pas connu directement l'œuvre de Tirso, mais il a utilisé les pièces italiennes et françaises qui se sont inspirées d'elle.

Du côté italien, Cicognini écrit vers 1650 *le Convitato di pietra,* et Giliberto publie une pièce au titre semblable en 1652. Surtout, pendant la seconde moitié du XVIIᵉ siècle, la troupe italienne, qui joue sans discontinuer à Paris, reprend le sujet et le présente au public en 1658 selon la technique de la commedia dell'arte. Deux modifications sont introduites. D'une part, le titre change : *le Convive de pierre* devient *le Festin de Pierre,* Dom Pierre étant le nom nouvellement donné au Commandeur. D'autre part, l'accent est mis sur le rôle du valet et sur sa dimension comique : Molière se souviendra en particulier des lazzis (voir p. 171) de la comédie italienne dans la scène 7 de l'acte IV. Mais, avant lui, deux comédiens-auteurs se sont déjà emparés de Dom Juan : Dorimond fait imprimer *le Festin de Pierre ou le Fils criminel* à Lyon en 1659, et l'année suivante Villiers monte à Paris une pièce qui porte le même titre. Ce sont deux tragi-comédies en cinq actes et en vers. Leur intitulé fait ressortir ce qui, aux yeux des deux auteurs, constitue la faute majeure de Dom Juan : la violence à l'égard du père. Chez Dorimond, le vieillard est giflé par son fils, et, dans la pièce de Villiers, il en reçoit « un coup de poing ». C'est la brutalité qui, en effet, caractérise le protagoniste : non content de pourfendre le Commandeur, il extorque à un pèlerin ses vêtements et tue un jeune homme dont il avait déshonoré la fiancée.

Dans la pièce de Molière, on ne verra plus de meurtre sur la scène. Le duel avec le Commandeur, en effet, a eu lieu six mois auparavant. Dom Juan reste pourtant un personnage violent, mais d'une violence froide et calculée qui s'exerce surtout par la parole ; Molière est même le premier à le transformer, à l'acte V, en hypocrite intégral. Moins démonstratif, ce Dom Juan est aussi devenu plus hardi. Il n'est plus révolté contre le Ciel — ce qui impliquait la croyance en Dieu —, il nie le Ciel. Deux autres apports témoignent encore de la nouveauté de Molière : d'abord, il établit, entre le maître et le valet, une relation plus approfondie, où Sganarelle n'est pas simplement l'antithèse couarde et moralisatrice de Dom Juan, mais son complice et son double ; enfin, il crée le rôle d'Elvire (épouse pathétique) pour remplacer celui de la jeune aristocrate (fille du Commandeur) agressée par Dom Juan.

Les sources historiques

Leur importance est bien moindre, car elles ne portent que sur des points de détail. Tallemant des Réaux (1619-1690), le malicieux mémorialiste, auteur des *Historiettes,* raconte deux anecdotes dont Molière s'est souvenu dans les scènes 1 et 2 de l'acte III. La première concerne Maurice de Nassau, « un prince d'Allemagne fort adonné aux mathématiques » qui, interrogé à l'article de la mort s'il ne croyait pas, répondit : « Nous autres mathématiciens, [...] croyons que deux et deux font quatre, et quatre et quatre font huit ». La seconde montre le poète Malherbe (1555-1628) tenir un discours analogue à celui que Dom Juan adressera au Pauvre (III, 2) : « Quand les pauvres lui disaient qu'ils priaient Dieu pour lui, il leur répondait qu'il ne croyait pas qu'ils eussent grand crédit auprès de Dieu, vu le pitoyable état où il les laissait. » L'idée de faire jurer un pauvre pour de l'argent était par ailleurs déjà venue à l'impie chevalier de Roquelaure qui, en 1646, avait tiré d'un mendiant trois blasphèmes en échange de quinze sols.

On a même essayé d'assigner au personnage de Dom Juan lui-même un modèle dans la réalité en avançant le nom du prince de Conti, premier protecteur de Molière devenu par la suite adversaire du théâtre. Les *Mémoires* de Mlle de Montpensier (1627-1693) rapportent qu'« il s'était tout à coup jeté dans une extrême dévotion ; il en avait quelque besoin, car, avant, il ne croyait pas trop en Dieu, à ce qu'on disait. Il était extrêmement débauché ». Cependant, à la différence de celle de Dom Juan, la conversion du prince de Conti a toutes les marques de la sincérité. Et surtout, on ne peut réduire la création littéraire à une simple copie de la réalité : de même qu'Harpagon n'est pas un avare particulier mais l'avare par excellence, Dom Juan est un mythe qui dépasse toutes ses incarnations imaginables.

État du texte

Dom Juan n'a jamais été imprimé du vivant de son auteur. La première édition vit le jour en 1682, au tome VII des *Œuvres posthumes de M. de Molière* publiées par La Grange. Ce dernier avait prudemment édulcoré la pièce, mais la censure exigea de nouvelles modifications.

On dispose donc, pour l'année 1682, de deux éditions : la première, dont il ne reste que trois exemplaires, livre le texte avant intervention de la censure ; la seconde donne un texte « corrigé ».

En 1683, une édition faite à Amsterdam propose une troisième version, très proche du texte joué en 1665 mais comportant aussi beaucoup d'erreurs. Quelle édition reproduire ? Les spécialistes modernes (G. Michaut pour l'Imprimerie nationale en 1947, G. Couton pour « la Pléiade » en 1971) prennent comme base le texte de 1682 non censuré, auquel ils ajoutent, entre crochets, les passages les plus significatifs de l'édition hollandaise. C'est le parti suivi dans ce « Classique ».

Dom Juan : mythe et structure

Le mythe

On désigne généralement par le terme de « mythe » un récit fabuleux qui conte l'origine d'une coutume, d'un pays ou du monde. L'action relatée se situe à l'aube du temps et elle est transmise par une tradition elle-même immémoriale : « les mythes n'ont pas d'auteur », écrit le philosophe et anthropologue Lévi-Strauss (né en 1908). Rien de tel avec *Dom Juan,* dont nous connaissons l'auteur et la date de naissance, ainsi que le prototype espagnol. Et pourtant, il existe dans *Dom Juan* une conjonction d'éléments capables de dépasser les limites d'un siècle, d'un genre littéraire, ou même de la littérature, et de constituer, à l'instar du *Faust* de Goethe, un véritable mythe moderne.

Depuis le XVIIe siècle, innombrables sont les artistes qui ont repris, et modulé selon leur époque et leur personnalité, le thème immortalisé par Molière : aux noms déjà cités de Mozart, Mérimée et Baudelaire, on pourrait ajouter ceux de Gluck (*Don Juan,* 1761), Musset (*Une matinée chez Don Juan,* 1833), Tolstoï (*Don Juan,* 1862), Montherlant (*la Mort qui fait le trottoir,* 1958) ou Michel Butor (*Une chanson pour Don Juan,* 1975). Quels sont, dans la pièce de Molière, ces éléments d'universalité qui forment les points d'ancrage du mythe ?

Le critique littéraire Jean Rousset, dans son exploration du *Mythe de Don Juan* (A. Colin, 1978), en distingue trois.

Le premier est le face-à-face du vivant avec la Mort : la présence matérielle et terrifiante de l'au-delà confère à ce qui aurait pu être une simple comédie la dimension d'un drame métaphysique — un homme affronté à son destin, le rebelle puni par la Loi. Le repas avec le Commandeur peut d'ailleurs être rattaché au rite archaïque par lequel les vivants se conciliaient les morts en leur offrant de la nourriture.

Deuxième élément caractéristique : la série des victimes féminines. Molière n'en montre que trois (Elvire, Charlotte et Mathurine) mais, dès la première scène, Sganarelle évoque pour Gusman la liste impressionnante de celles qui les ont précédées : « et si je te disais le nom de toutes celles qu'il a épousées en divers lieux, ce serait un chapitre à durer jusques au soir ». Dom Juan est l'homme de la répétition, il met en œuvre « une éthique de la quantité, au contraire du saint qui tend vers la qualité » (Camus, *le Mythe de Sisyphe,* 1942). Aussi affiche-t-il un parfait mépris pour les femmes, qu'il considère comme les objets interchangeables d'une jouissance passagère.

Enfin, en raison de son ambivalence, le héros lui-même prend une envergure mythique : d'un côté délinquant et pécheur, vainement rappelé par son père au respect de la loi humaine et par son épouse à celui de la miséricorde divine ; de l'autre, prince du jour et « ange radieux du désir » (J. Rousset, *le Mythe de Don Juan,* déjà cité). Dom Juan fascine par cela précisément qui inquiète en lui : son pouvoir de transgression.

La structure

Sur les pas de son héros, la pièce elle aussi transgresse les règles. Le théâtre classique s'était plié à l'observation des trois unités (de lieu, de temps, d'action). Qu'en reste-t-il dans *Dom Juan ?*

L'unité du « lieu de l'ensemble » est bien respectée, puisque toute l'action se déroule en Sicile, mais non l'unité du « lieu particulier ». Aux cinq actes de la comédie correspondent en effet cinq emplacements différents : deux à l'intérieur d'une ville qui n'est pas nommée (un palais à l'acte I, l'appartement de Dom Juan à l'acte IV), deux à l'extérieur (la campagne au bord de la mer à l'acte II, une forêt à l'acte III) et un dernier aux portes de la ville (acte V). Cette dispersion a valeur symbolique : elle est tout accordée à l'appétit d'un héros qui refuse de borner ses désirs et rêve d'étendre à d'autres mondes ses conquêtes amoureuses. Jamais la violation de l'unité de lieu n'est mieux justifiée dans la pièce que lorsque Sganarelle s'écrie à l'adresse de son maître : « Eh mon Dieu ! je sais mon Dom Juan sur le bout du doigt, et connais votre cœur pour le plus grand coureur du monde : il se plaît à se promener de liens en liens, et n'aime guère à demeurer en place » (acte I, sc. 2).

L'unité de temps se trouve malmenée aussi, mais pour d'autres raisons. Les événements des quatre premiers actes peuvent à la rigueur s'intégrer dans le cadre conventionnel d'une unique journée ; toutefois, celui-ci éclate à la fin de l'acte IV, lorsque la Statue invite Dom Juan à « venir demain souper ». Pourquoi cette rupture ? Du point de vue dramaturgique, elle permet de susciter un suspense : l'incroyance de Dom Juan ne va-t-elle pas chanceler, et lui se convertir, à la suite d'une apparition dont le caractère surnaturel ne fait aucun doute ? Du point de vue religieux, elle indique l'exceptionnel délai de grâce dont bénéficie le libertin : s'il est incapable de profiter de cette dernière chance que lui accorde la patience divine, sa damnation ne sera que justice.

Quant à l'unité d'action, elle implique qu'un seul danger menace le héros. Or les périls fondent de toutes parts sur Dom Juan, du plus bénin au plus grave : son créancier commence à devenir insistant ; son père, Dom Louis, pense à lui couper les vivres, voire à le faire emprisonner ; lui-même échappe de peu à la noyade en poursuivant le couple de fiancés ; les frères d'Elvire le traquent ; enfin, le défi au Commandeur dresse contre Dom Juan les puissances souterraines et célestes. Entre ces différents périls, il n'existe pas même de lien nécessaire. Leur seul point commun est de viser Dom Juan. C'est dire que l'unité de l'œuvre ne se trouve pas dans son intrigue, mais dans son héros. Et de fait, la présence de Dom Juan sur le théâtre est écrasante : vingt-cinq scènes sur vingt-sept. Cependant, il n'est jamais seul face à ses victimes ou à ses adversaires : il est toujours accompagné de son valet, qui paraît, lui, dans vingt-six scènes ! L'axe de la pièce, en définitive, ne passe pas tant par un personnage que par un couple de personnages : le couple Dom Juan-Sganarelle, que lie une connivence à base de mépris et qui forme « le seul couple indissoluble » (J. Scherer, *Sur le « Dom Juan » de Molière,* SEDES, 1967) de la comédie.

Les styles de *Dom Juan*

Le style soutenu

Le style soutenu apparaît dans la bouche des personnages de qualité et se développe selon trois registres : celui de la passion, celui de l'honneur et celui de la dévotion.

Quoiqu'ils s'opposent du point de vue des sentiments, le langage de l'amour est le même chez Dom Juan et chez Elvire, simplifié seulement lorsque le séducteur s'adresse à une paysanne inculte. Il se coule dans des rythmes oratoires (comme le rythme ternaire) ou poétiques (la tirade de Dom Juan dans l'acte I, scène 2, foisonne d'octosyllabes introduits parfois par un décasyllabe : « Quoi ? tu veux qu'on se lie à demeurer / Au premier objet qui nous prend, / Qu'on renonce au monde pour lui, / Et qu'on n'ait plus d'yeux pour personne ? »). Les métaphores du cœur endormi, emprisonné, blessé ou ravi abondent et débouchent sur une personnification allégorique des facultés de l'âme, à la manière précieuse : « J'ai cherché des raisons pour **excuser à ma tendresse** le relâchement d'amitié qu'elle voyait en vous », explique Done Elvire à la scène 3 de l'acte I.

Le même système métaphorique se retrouve à propos de l'honneur, puisque (comme le cœur) il peut être « blessé » ; il se déploie aussi en images somptueuses, qui jouissent de la caution rhétorique des auteurs de l'Antiquité. Quand Dom Louis veut faire rougir son fils devant les exploits de ses ancêtres, il se souvient des poètes latins Salluste (86-35 av. J.-C.) et Juvénal (60-140 apr. J.-C.) : « l'éclat n'en rejaillit sur vous qu'à votre déshonneur, et leur gloire est un flambeau qui éclaire aux yeux d'un chacun la honte de vos actions » (acte IV, sc. 4). Mais ces formulations majestueuses, souvent concentrées en sentences dignes de Corneille (« la naissance n'est rien où la vertu n'est pas »), risquent de passer pour parodiques dans une comédie : il suffit d'une réplique laconique de Dom Juan pour que les tirades passionnées s'écroulent. Dans le domaine du langage aussi, Dom Juan est un démystificateur.

Il devient lui-même parodiste en empruntant les termes et les tours du style dévot. Comme l'Orgon de *Tartuffe,* il élude les questions embarrassantes par un recours automatique au « Ciel » (acte V, sc. 3). On retrouve dans son discours les termes techniques de la théologie morale (« motif de conscience », « scrupules », « pleine rémission ») avec ses tournures caractéristiques : les hyperboles (le mot « crime » employé pour « péché ») et les périphrases (« une personne qui me serve de guide » pour « directeur de conscience »). Il a même été possible, à partir de phrases relevées dans la correspondance du prince de Conti après sa conversion, de reconstituer un texte qui ressemble de près à l'hypocrite confession du début de l'acte V. Molière frôle prudemment, avec ce jeu sur le langage, la frontière ténue qui sépare le comique du scandaleux.

L'écriture comique

Le comique se donne libre cours avec le rôle de Sganarelle. Ici comme ailleurs, le valet est fasciné par son maître : Dom Juan est le modèle stylistique de Sganarelle (« vous parlez tout comme un livre », lui déclare ce dernier à la scène 2 de l'acte I), mais cette admiration, au lieu de le stimuler, le paralyse (« j'avais les plus belles pensées du monde, et vos discours m'ont brouillé tout cela », dit-il encore). Lorsqu'il prétend se lancer à son tour dans l'éloquence, le malheureux a toutes les peines du monde à terminer ses tirades : son lyrisme devant les merveilles de la création (acte III, sc. 1) tourne court, tente de se réactiver par le recours à la plus élémentaire des figures de rhétorique (l'accumulation) pour s'achever avec la chute physique de l'orateur, symbolique d'un discours qui s'autodétruit. À l'opposé de la légèreté mondaine et brillante de Dom Juan, les raisonnements de Sganarelle alignent sur un ton doctoral une pesante enfilade de lieux communs. L'ineptie des pseudo-démonstrations et l'évidente satisfaction de celui qui les prononce concourent ainsi toutes deux à provoquer le rire (voir acte V, sc. 2).

Le comique vient aussi de l'utilisation, au deuxième acte, du langage paysan. Molière n'est pas le premier à s'en servir : il suit ici *le Pédant joué* de Cyrano de Bergerac, comédie publiée en 1654, où l'on trouvait déjà les traits de phonétique *(jesquions, fouas, tarre)* et de morphologie *(je sis)* ainsi que bon nombre de termes *(aga guien, queuque gniais, deguaine)* employés par Pierrot. Cette langue n'est autre que le patois de l'Île-de-France tel qu'il était parlé au XVIIe siècle, et dont il ne reste aucun vestige écrit de quelque ampleur, si l'on met à part les *Agréables Conférences de deux paysans de Saint-Ouen et de Montmorency sur les affaires du temps* (1649-1651) éditées par F. Deloffre en 1961. Molière a cependant éliminé de son texte les mots trop difficiles à comprendre, de sorte que le spectateur n'a pas la peine de l'interprétation, mais seulement le plaisir de mesurer une déformation qui lui fait sentir toute sa supériorité sur les personnages. Au reste, l'auteur n'abuse pas du procédé, et le comique issu des mots est vite remplacé, dans le langage même des paysannes, par un comique issu de la forme des répliques : dans la scène 4 de l'acte II, Charlotte et Mathurine échangent plus de trente répliques, dont les termes sont différents, mais la forme exactement symétrique. De là cette impression de mécanisme où Bergson a vu le ressort essentiel du comique (*le Rire,* 1900).

Le théâtre à machines
au XVIIᵉ siècle

Dom Juan et le théâtre à machines

Les « machines » désignent, au théâtre, les moyens mécaniques employés pour opérer les changements de décor. Elles correspondent le plus souvent à une intervention surnaturelle dans le déroulement humain de l'intrigue. Par ces deux éléments, *Dom Juan* se rattache au genre de la pièce à machines, que l'on appellerait aujourd'hui pièce à grand spectacle ou à effets spéciaux. Non seulement le décor change à chaque acte, mais on est en présence de six décors pour cinq actes. Au troisième acte, en effet, Dom Juan et Sganarelle marchant dans une forêt aperçoivent le tombeau du Commandeur : or ce monument, qui est un mausolée et non une simple tombe, s'ouvre devant eux de telle façon que tout le décor se transforme et, comme par magie, transporte les spectateurs d'une scène d'extérieur (le bois et sa verdure) à une scène d'intérieur avec les voûtes, les piliers et les statues d'un tombeau de marbre.

À cela s'ajoutent deux interventions spectaculaires des forces de l'au-delà : l'apparition d'abord d'un Spectre qui « change de figure et représente le Temps avec sa faux à la main », puis s'envole quand Dom Juan veut le frapper de son épée (acte V, sc. 5) ; le tonnerre ensuite qui, à la dernière scène du dernier acte, tombe sur Dom Juan « avec un grand bruit et de grands éclairs », précédant de peu l'ouverture flamboyante de l'enfer sous les pieds du libertin foudroyé. Il n'est pas impossible même qu'au temps de Molière la représentation se soit terminée en apothéose, par l'envol de la Statue, qui rejoindrait ainsi le Ciel de manière symbolique dans un mouvement symétrique à la chute de Dom Juan parmi les damnés.

Un genre méconnu

Dans la stricte ordonnance classique, le théâtre à machines introduit une triple rupture : au lieu de l'unité, la variété ; au lieu du vraisemblable, le merveilleux ; au lieu du primat de la parole, la concurrence du spectacle. Cette forme nouvelle vient d'Italie, où, en 1638, l'architecte le Bernin avait remporté un triomphe en montrant sur scène *l'Inondation du Tibre* : une digue se rompait, l'eau se précipitait vers les spectateurs comme pour les engloutir, mais, au dernier instant, une autre digue surgie du sol arrêtait le flot. Ce type de théâtre a été introduit en France par l'intermédiaire conjugué des jésuites et de Mazarin, qui gouvernait alors (Louis XIV étant encore enfant). Les jésuites avaient, chaque année, l'habitude de monter dans leurs collèges de grandioses illustrations scéniques de l'histoire sainte. De son côté, Mazarin voulait faire partager sa passion pour l'opéra romain, dont les décorations somptueuses et les machineries pouvaient séduire les spectateurs parisiens. Si les représentations qu'il patronna (la *Finta Pazza,* en 1645, et l'*Orfeo,* en 1647) n'eurent pas le succès escompté, les « machines » en revanche avaient ébloui le public. Aussitôt, les dramaturges français emboîtèrent le pas : Boyer est sans doute l'initiateur du genre avec, en 1648, *Ulysse dans l'île de Circé.* Mais de plus grands vont suivre.

En 1650, Corneille fait appel à Torelli, le « machiniste » de la *Finta Pazza* et de l'*Orfeo,* pour agencer les effets spéciaux de son *Andromède,* où l'on voit Melpomène voler dans le char du Soleil, Persée combattre un monstre marin sur son cheval ailé et Jupiter descendre du ciel dans un trône d'or. L'auteur (ancien élève des jésuites, comme Molière) reconnaît dans l'« Argument » d'*Andromède* que son « principal but ici a été de satisfaire la vue par l'éclat et la diversité du spectacle, et non pas de toucher l'esprit par la force du raisonnement, ou le cœur par la délicatesse des passions ». Dix ans plus tard, Corneille donne une nouvelle pièce à machines avec *la Toison d'or*. Il est vrai que les spectateurs acceptent de payer le double du prix normal des places pour assister à ce type de pièces, où pourtant le texte ne répond pas toujours à des critères de qualité très exigeants : combien de *Jugement de Pâris* (Sallebray, 1657) ou d'*Amours du Soleil* (Donneau de Visé, 1671) oubliés pour un génial *Amphitryon* (Molière, 1668). Mais le grand titre de gloire du théâtre à machines (avec notamment, en 1670, la *Psyché* de Corneille, Molière, Quinault et Lully) est d'avoir ouvert la voie à la création d'un opéra français.

Dom Juan et la critique

La polémique du XVIIᵉ siècle

Les représentations de *Dom Juan* en février-mars 1665 ont
suscité trois opuscules de qualité inégale. Le premier est un
pamphlet vigoureux paru quelques semaines plus tard sous la
signature de B. A. (le janséniste Barbier d'Aucour ?), sieur de
Rochemont : *Observations sur une comédie de Molière intitulée le
Festin de Pierre*. L'auteur y accusait Molière d'avoir exposé la
religion à la risée publique en la montrant bravée par un
athée et défendue par un sot. Deux répliques anonymes,
émanées du camp de Molière, virent le jour au cours de l'été
suivant : une médiocre *Réponse aux Observations* et une *Lettre
sur les Observations*, beaucoup plus forte.

Il y a quatre sortes d'impies qui combattent la Divinité : les
uns déclarés, qui attaquent hautement la majesté de Dieu,
avec le blasphème dans la bouche ; les autres cachés, qui
l'adorent en apparence et qui le nient dans le fond du cœur ;
il y en a qui croient un Dieu par manière d'acquit, et qui, le
faisant ou aveugle ou impuissant, ne le craignent pas ; les
derniers enfin, plus dangereux que tous les autres, ne défendent
la religion que pour la détruire ou en affaiblissant malicieu-
sement ses preuves ou en ravalant adroitement la dignité de
ses mystères. Ce sont ces quatre sortes d'impiétés que Molière
a étalées dans sa pièce et qu'il a partagées entre le maître et
le valet. Le maître est athée et hypocrite, et le valet est libertin
et malicieux. [...] Le maître attaque avec audace, et le valet
défend avec faiblesse ; le maître se moque du Ciel, et le valet
se rit du foudre qui le rend redoutable ; le maître porte son

insolence jusqu'au trône de Dieu, et le valet donne du nez en terre et devient camus avec son raisonnement ; le maître ne croit rien, et le valet ne croit que le Moine bourru.

Rochemont, Observations sur une comédie de Molière intitulée
le Festin de Pierre, 1665.

Pour ce qui regarde l'athéisme, je ne crois pas que son raisonnement [celui de Dom Juan] puisse faire impression sur les esprits, puisqu'il n'en fait aucun. Il n'en dit pas deux mots de suite, il ne veut pas que l'on lui en parle, et si l'auteur lui fait dire que « deux et deux sont quatre, et quatre et quatre sont huit », ce n'était que pour faire reconnaître qu'il était athée, pour ce qu'il était nécessaire qu'on le sût, à cause du châtiment. Mais à parler de bonne foi, est-ce un raisonnement que « deux et deux sont quatre, et quatre et quatre sont huit » ? Ces paroles prouvent-elles quelque chose, et en peut-on rien inférer, sinon que Dom Juan est athée ? [...] Il était difficile de faire paraître un athée sur le théâtre et de faire connaître qu'il l'était, sans le faire parler. Cependant, comme il ne pouvait rien dire qui ne fût blâmé, l'auteur du Festin de Pierre, par un trait de prudence admirable, a trouvé moyen de le faire connaître pour ce qu'il est, sans le faire raisonner.

[...] On ne se contente pas de faire le procès au maître, on condamne aussi le valet, pour ce qu'il n'est pas habile homme et qu'il ne s'explique pas comme un docteur de Sorbonne. L'Observateur veut que tout le monde ait également de l'esprit, et il n'examine point quel est le personnage. Cependant il devrait être satisfait de voir que Sganarelle a le fonds de la conscience bon, et que s'il ne s'explique pas tout à fait bien, les gens de sa sorte peuvent rarement faire davantage.

Lettre sur les Observations, texte anonyme, 1665.

Du purgatoire à la résurrection

Entre 1665 et 1841, le Dom Juan de Molière est absent de la scène, et jusqu'en 1819 nul ne se souvient plus de l'édition hollandaise qui en donnait le texte original. La critique littéraire ne peut donc plus que porter à faux, ou bien se taire. Le témoignage de Voltaire mérite toutefois d'être examiné car ce qu'il dit de la version italienne vaut en bonne partie pour celle de Molière : on y lit à la fois le dégoût du déiste devant les manifestations exubérantes du surnaturel et la répugnance d'un tenant du classicisme pour le mélange des tons et des genres. C'est ce dernier trait au contraire qui va séduire un partisan des romantiques comme Théophile Gautier, spectateur enthousiaste de la première de *Dom Juan* à la Comédie-Française, le 17 janvier 1847.

La troupe des comédiens-italiens joua [la pièce] à Paris, et on l'appela *le Festin de Pierre*. Il eut un grand succès sur ce théâtre irrégulier : l'on ne se révolta point contre le monstrueux assemblage de bouffonnerie et de religion, de plaisanterie et d'horreur, ni contre les prodiges extravagants qui font le sujet de cette pièce. Une statue qui marche et qui parle, et les flammes de l'enfer qui engloutissent un impie sur le théâtre d'Arlequin, ne soulevèrent point les esprits, soit qu'en effet il y ait dans cette pièce quelque intérêt, soit que le jeu des comédiens l'embellît, soit plutôt que le peuple, à qui *le Festin de Pierre* plaît beaucoup plus qu'aux honnêtes gens, aime cette espèce de merveilleux.

Villiers, comédien de l'Hôtel de Bourgogne, mit *le Festin de Pierre* en vers, et il eut quelque succès à ce théâtre. Molière voulut aussi traiter ce bizarre sujet. L'empressement d'enlever des spectateurs à l'Hôtel de Bourgogne fit qu'il se contenta de donner en prose sa comédie : c'était une nouveauté inouïe alors, qu'une pièce de cinq actes en prose.

Voltaire, *Vie de Molière*, 1739.

Quelle pièce étrange que le *Dom Juan* tel qu'il a été exécuté l'autre soir, et comme on conçoit bien que les classiques n'aient pu la supporter dans son état primitif ! *Dom Juan*, auquel Molière a donné le titre de comédie, est, à proprement parler, un drame et un drame moderne dans toute la force du terme. Le génie indépendant de l'Espagne, qui donne tant de fierté d'allure au *Cid*, se fait également sentir dans le *Dom Juan* ; car l'Espagne, chevaleresque et chrétienne, a le plus complètement secoué le joug des idées du paganisme ; sa littérature est romantique par excellence et d'une originalité profonde.

Jamais Molière n'a rien fait de plus franc, de plus libre, de plus vigoureux, de plus hardi ; le fantastique, cet élément d'un emploi si difficile pour le Français sceptique et qui ne veut pas avoir l'air d'être dupe un instant du fantôme qu'il fait apparaître, est traité avec un sérieux et une croyance bien rares chez nous. La statue du Commandeur produit un effet d'épouvante qu'on n'a pas surpassé au théâtre. Le bruit de ses talons de marbre fait courir un frisson sur la chair comme le souffle de la vision de Job : rien n'est plus effrayant que ce convive de pierre avec son habit d'empereur romain et son aigrette sculptée ; aucune tragédie n'arrive à cette intensité d'effroi. Parlez-nous des poètes comiques pour être terribles !

Théophile Gautier,
Histoire de l'art dramatique en France, t. V, 1859.

L'explosion critique du XXᵉ siècle

Depuis la mise en scène de Louis Jouvet en 1947, *Dom Juan* est considéré comme l'une des plus grandes pièces de Molière, avec *le Misanthrope* et *le Tartuffe*. Notre époque y retrouve en effet ses interrogations majeures sur le désir, sur la mort et sur Dieu. Le lien, si nettement marqué par la pièce, entre le déchaînement du désir et la destruction du sujet désirant n'est pas sans évoquer pour nous le couple Éros / Thanatos (Amour / Mort) décrit par la psychanalyse ; la négation de Dieu au nom du rationalisme (« Je crois que deux et deux sont quatre ») est aujourd'hui mise en question par le dialogue de la science et de la religion. La critique littéraire contemporaine, tout en privilégiant les questions d'ordre esthétique, est loin de rester insensible à cette dimension métaphysique de *Dom Juan*.

Le *Dom Juan* est-il, ainsi qu'on a pu le prétendre, un accident dans la carrière de Molière, un corps étranger dans son œuvre ? Il existait, entre Molière et un thème reçu du Baroque, sinon une affinité totale, du moins une zone de contact : la théâtralité, le goût du jeu dans le jeu, le déguisement, le masque. L'une des dominantes de l'œuvre, ce sont les alternances de la mascarade et du démasquage, de l'envol dans l'illusion ou du retour à la réalité. Ses créatures sont pourvues d'un don aux multiples formes, le don propre au comédien d'entrer, à volonté ou sans le savoir, dans un personnage et d'en jouer le rôle, de se donner à soi-même, ou aux autres, la comédie. Du *Cocu imaginaire* au *Malade imaginaire*, Molière multiplie les « imaginaires », les virtuoses en l'art de construire et souvent d'imposer une image d'eux-mêmes ; comédiens de bonne ou de mauvaise foi, ils donnent pour vrai, les uns ce qu'ils croient réel, les autres ce qu'ils font croire réel.

De ces deux races de déguisés, celle des Jourdains et celle des Scapins, on voit bien à laquelle appartient de droit Dom Juan, bien qu'il ne soit ni valet, ni jeune amoureux monteur de stratagèmes ; sa place est parmi les comédiens maîtres de leur jeu et imposant un personnage dont ils ne sont pas dupes.

J. Rousset, *l'Intérieur et l'Extérieur*,
José Corti, 1968.

Dom Juan a de la gueule : celle d'un animal ; il y a un prestige de l'énergie irréfléchie, aveugle à toute autre chose qu'elle-même, qui se confond trop aisément avec la révolte libre. La Nature est un piège. Le personnage de Molière est un piège, non le symbole d'une libération. La pièce de Molière le décrit à la fois avec ses appâts et la mort qu'il contient. Si Dom Juan n'est qu'un homme, il est le symbole de l'inhumain [...] ; mais s'il est aussi le maître, s'il représente le pouvoir d'une caste sur d'autres, il symbolise ce qu'il y a d'illégitime dans ce pouvoir, puisqu'il est fondé sur exactement le contraire de la loi.

Dom Juan représente la découverte et l'exploitation théâtrale de l'horreur de la Nature toute nue.

J. Guicharnaud, *Molière, une aventure théâtrale*,
Gallimard, 1963.

La question sur laquelle semble se polariser la réflexion des modernes est celle des rapports entre séduction et athéisme chez Dom Juan : la première démarche est-elle une conséquence de la seconde ou les deux ne font-elles qu'un ?

L'athéisme, racine des vices et des crimes de Dom Juan, appelle une punition exemplaire et spectaculaire par le Ciel. Ainsi entendue, la pièce n'est ni pour Dieu ni contre Dieu, ni pour la noblesse ni contre la noblesse, ni pour Dom Juan ni pour Sganarelle. Elle est contre l'athéisme, ce qui est bien différent, et parfaitement admissible pour le public de Molière.

Cette manière de comprendre la pièce suppose un choix entre les deux caractéristiques essentielles du personnage de Dom Juan telles que les transmet la légende, l'athée et le séducteur. C'est le premier qui est privilégié. On aurait pu concevoir un système inverse : à partir d'exigences sexuelles traitées comme une valeur absolue, arriver à la négation de Dieu. Ce sera, par exemple, la position de Sade. Celle de Molière, si elle subordonne au contraire l'image du séducteur à celle de l'athée, doit permettre de comprendre en quoi les démarches de la séduction résultent de celles de l'incroyance. Or, précisément, l'on constate que le mode de séduction le plus constant de Dom Juan est la promesse de mariage [...]. Si Dom Juan a choisi le mariage plutôt que d'autres prestiges, c'est parce que le mariage est un sacrement, et qu'il a ainsi le plaisir de le bafouer et de le violer [...]. Le comportement amoureux de Dom Juan implique donc une interprétation religieuse.

J. Scherer, *Sur le « Dom Juan » de Molière*,
SEDES, 1967.

Y. Stalloni met en avant le Dom Juan séducteur et conteste la thèse précédente qui, partie de l'athéisme du personnage, privilégie une interprétation religieuse : J. Scherer admet en effet que, si Dom Juan défie Dieu, c'est parce que, d'une certaine façon, il croit en lui.

En accomplissant son destin de séducteur, Dom Juan lance un défi au « Ciel » et aux règles morales qu'il impose aux sociétés. Mais cette analyse semble faire la part trop belle à un athéisme que d'ailleurs elle conteste. La contradiction se résout si nous acceptons de penser que, pour Dom Juan, il en est de Dieu comme des hommes : une conquête à faire, une bataille à gagner. Le séducteur qui charme se confond avec l'athée qui défie. La pièce de Molière part d'une séduction de femmes (qui survenait bien plus tard chez son modèle Dorimond), passe par une séduction des hommes et finit par une séduction de Dieu. Au terme de sa trajectoire un seul partenaire peut offrir au « grand seigneur méchant homme » un combat digne de ses succès précédents, c'est Dieu en personne ou un de ses émissaires.

Y. Stalloni, dans « *Dom Juan* » *de Molière : le défi*
(ouvrage collectif), Ellipses, 1981.

Avant ou après la lecture

Recherches

1. Étudier la représentation de l'Espagne dans la littérature française : *Dom Juan* ; *le Cid* (1637), de Corneille ; *l'Histoire de Gil Blas de Santillane* (1715-1735), de Lesage ; *Hernani* (1830), de Victor Hugo ; *Carmen* (1845), de Mérimée ; *l'Espoir* (1937), de Malraux ; etc.

2. Les libertins au XVIIᵉ siècle.

3. Le thème de la statue meurtrière : *Dom Juan* et *la Vénus d'Ille* (1837) de Mérimée. La recherche peut être élargie à divers monstres ou robots de la littérature fantastique : le Golem, Frankenstein, *l'Ève future* (Villiers de L'Isle-Adam), etc.

Mises en scène

1. Réaliser la mise en scène d'un passage ou d'un acte de *Dom Juan* (le quatrième acte semble le plus indiqué, car il mélange les tons et peut rassembler, avec la suite de Dom Juan, un nombre variable d'acteurs).

2. Comparer les mises en scène modernes de *Dom Juan* : celles de Marcel Bluwal (voir p. 65 et 89) pour la télévision (1965, rediffusée en juillet 1990), de Roger Planchon (voir p. 55 et 119) à l'Odéon en 1980, de Maurice Bénichou (voir p. 97 et 105) aux Bouffes du Nord en 1984, etc. (Consulter aussi l'article de Michel Blain dans *« Dom Juan » de Molière : le défi,* Ellipses, 1981 ; et, éventuellement, l'ouvrage, plus difficile, de Michel Corvin : *Molière et ses metteurs en scène d'aujourd'hui,* Lyon, Presses universitaires, 1985.)

Exposés

1. L'hypocrisie dans *Dom Juan* et dans *le Tartuffe*.

2. Dom Juan et Tristan : deux mythes de l'amour. (On s'aidera de *l'Amour et l'Occident* par Denis de Rougemont, 1939 ; disponible dans la collection « 10/18 ».)

3. À l'usage des hispanisants : le *Dom Juan* de Molière et le *Burlador de Sevilla* de Tirso de Molina (voir les références p. 133).

4. À l'usage des mélomanes : le *Dom Juan* de Molière et le *Don Giovanni* de Mozart et Da Ponte (voir les références p. 137).

Dissertations

1. Peut-on dire que *Dom Juan* est une comédie ?

2. Commenter et discuter l'opinion du psychanalyste O. Rank, qui écrivait dans *Don Juan et le Double* (1932) : « Ce qui caractérise le sujet de Don Juan et le rend presque unique en son genre, c'est le fait que, à l'encontre du héros antique, il ne rencontre pas le principe mauvais au-dehors, par exemple sous la forme d'un monstre, mais bien en lui-même. Le principe mauvais s'incarne dans Don Juan. »

3. Peut-on dire que *Dom Juan* est une œuvre baroque (voir p. 170) ? (On s'aidera du texte de J. Rousset cité p. 162).

4. Dom Juan est-il unique dans la création moliéresque ou présente-t-il des affinités avec d'autres personnages ? Lesquels et pourquoi ?

5. Étudier le couple Dom Juan-Sganarelle.

6. Comparer Sganarelle aux autres valets des comédies de Molière.

7. Analyser le personnage de Done Elvire : sa présence, son caractère, sa fonction.

8. Quel sens philosophique donner à *Dom Juan* ?

9. Étudier les relations qu'entretient Dom Juan avec le temps.

10. Discuter l'affirmation de Stendhal dans *les Cenci* (1837) : « C'est à la religion chrétienne que j'attribue la possibilité du rôle satanique de Dom Juan. »

Bibliographie, discographie, filmographie

Édition
L'édition de référence est celle de G. Couton : *Molière, œuvres complètes,* 2 vol., Gallimard, coll. « la Pléiade », 1971. (*Dom Juan* figure dans le tome 2.)

Ouvrages généraux
A. Adam, *Histoire de la littérature française au XVIIe siècle,* 5 vol., Del Duca, 1962. (Molière est analysé dans le tome 3.)

P. Bonvallet, *Molière de tous les jours,* le Pré aux Clercs, 1985.

R. Bray, *Molière homme de théâtre,* Mercure de France, 1954 ; nouv. éd., 1963.

J.-P. Collinet, *Lectures de Molière,* A. Colin, coll. « U2 », 1974.

G. Conesa, *le Dialogue moliéresque,* P.U.F., 1983.

G. Defaux, *Molière ou les Métamorphoses du comique,* Lexington, French Forum Publishers, 1980.

R. Guichemerre, *la Comédie classique en France,* P.U.F., coll. « Que sais-je ? », 1978.

R. Jasinski, *Molière,* Hatier, coll. « Connaissance des lettres », 1969.

P. Larthomas, *le Langage dramatique,* P.U.F., 1980.

C. et J. Scherer, *le Théâtre classique,* P.U.F., coll. « Que sais-je ? », 1987.

A. Simon, *Molière par lui-même,* le Seuil, 1957.

J. Truchet, *la Thématique de Molière,* SEDES, 1985.

Sur *Dom Juan*
Collectif, « *Dom Juan* » *de Molière : le défi,* Ellipses, 1981.

G. Gendarme de Bévotte, *la Légende de Don Juan,* Hachette, 1906.

J. Guicharnaud, *Molière, une aventure théâtrale,* Gallimard, 1963 ; nouv. éd., 1984. (La deuxième partie est consacrée à *Dom Juan.)*

J. Krauss, *le « Dom Juan » de Molière : une libération,* Nizet, 1978.

A. Preiss, *le Mythe de Don Juan,* Bordas, 1985.

J. Rousset, *le Mythe de Don Juan,* A. Colin, coll. « U prisme », 1978.

J. Scherer, *Sur le « Dom Juan » de Molière,* SEDES, 1967.

Écouter *Dom Juan*

Dom Juan, avec Jean Vilar, Daniel Sorano, Georges Wilson et la troupe du T.N.P. (l'*Encyclopédie sonore,* 1954).

Don Giovanni, musique de Mozart et livret de Da Ponte. Un enregistrement de référence (1959) est accessible chez EMI avec, sous la direction de Carlo Maria Giulini, Eberhard Waechter (Don Giovanni), Giuseppe Taddei (Leporello), Gottlob Frick (le Commandeur), Joan Sutherland (Donna Anna), Elisabeth Schwarzkopf (Donna Elvira), etc. (Disponible en CD.)

Voir *Dom Juan*

Le film de l'Américain John Berry, en 1956, avec Fernandel dans le rôle de Sganarelle, est une variation bouffonne très éloignée du thème original ; en revanche, l'adaptation télévisée de Marcel Bluwal (en 1965) restitue la pièce dans toute sa force (Michel Piccoli y joue Dom Juan ; Claude Brasseur, Sganarelle).

On ne peut manquer de rappeler, même s'il s'agit de Mozart et non de Molière, le *Don Giovanni* filmé par J. Losey en 1980, avec Ruggero Raimondi (Don Giovanni), José Van Dam (Leporello), Kiri Te Kanawa (Donna Elvira), etc., l'Orchestre de l'Opéra de Paris dirigé par Lorin Maazel. (Un disque a été enregistré chez CBS, 1979.)

Petit dictionnaire pour comprendre *Dom Juan*

adjuration *(n. fém.)* : fait de supplier quelqu'un avec insistance.

alexandrin blanc : présence, dans un texte en prose, d'un énoncé de douze syllabes (comme un alexandrin) qui donne à la pensée ainsi exprimée une allure de sentence ou une plus grande force. Ex. : « la naissance n'est rien où la vertu n'est pas » (IV, 4).

allégorie *(n. fém.)* : expression d'une idée au moyen d'une image, d'un tableau ou d'un être vivant. Ex. : le Spectre « avec sa faux » (V, 5) est une allégorie du temps.

allitération *(n. fém.)* : répétition d'une même consonne dans une phrase pour en renforcer le sens.

apologie *(n. fém.)* : écrit ou discours dont le but est de défendre une personne ou une cause.

ascèse *(n. fém.)* : ensemble d'exercices physiques et moraux que l'on s'impose pour progresser dans la vie spirituelle.

barbon *(n. masc.)* : vieillard (sens péjoratif).

baroque *(adj.)* : se dit de la littérature française sous Henri IV et Louis XIII, caractérisée (à la différence du classicisme) par une grande liberté d'expression, la primauté donnée au mouvement et à la diversité sur la stabilité et l'unité.

bienséances *(n. fém. pl.)* : ce qui, dans une œuvre, correspond au goût et à la morale de l'époque. La règle des bienséances du théâtre classique interdisait que fût représenté sur scène tout acte violent, vulgaire ou choquant.

burlesque *(adj.)* : d'un comique extravagant et déroutant.

champ lexical : ensemble de mots renvoyant à une même notion.

commedia dell'arte : forme italienne de comédie, dans laquelle les acteurs improvisent à partir d'un scénario.

déiste *(n. masc.)* : personne qui admet l'existence de Dieu mais ne reconnaît pas de religion révélée (ex. : Voltaire).

dénouement *(n. masc.)* : partie de la pièce de théâtre qui comprend l'élimination du dernier obstacle.

didactique *(adj.)* : qui vise à donner un enseignement.

didascalie *(n. fém.)* : indication de mise en scène portée au fil du texte par l'auteur d'une pièce.

dramaturgie *(n. fém.)* : technique propre à l'écrivain de théâtre.

éthique *(n. fém.)* : science de la morale, art de diriger la conduite.

grâce *(n. fém.)* : en théologie, secours venu de Dieu qui nous aide à faire sa volonté et à parvenir au salut.

imprécation *(n. fém.)* : malédiction proférée contre quelqu'un. Ex. : « Je te le dis encore, le Ciel te punira, perfide, de l'outrage que tu me fais » (Done Elvire, I, 3).

jansénisme *(n. masc.)* : mouvement religieux austère des XVIIᵉ et XVIIIᵉ siècles, qui soulignait notamment le danger moral des représentations théâtrales (Pascal était janséniste).

lazzi *(n. masc. d'origine italienne)* : jeu de scène bouffon.

libertin *(adj. et n. masc.)* : au XVIIᵉ siècle, se dit de qui n'adhère pas à la religion, soit pour la croyance, soit pour la morale. À partir du XVIIIᵉ, le mot désigne essentiellement une personne qui s'adonne sans retenue au plaisir charnel.

luxure *(n. fém.)* : recherche déréglée du plaisir sexuel.

métaphore *(n. fém.)* : figure de rhétorique qui consiste à utiliser un terme concret pour exprimer une notion abstraite dans l'intention de créer une comparaison imagée, mais sans employer de mot comparatif (« comme », « ainsi que », etc.). Ex. : « Que ne vous armez-vous le front d'une noble effronterie ? » (Done Elvire, I, 3).

métaphysique *(n. fém.)* : recherche philosophique des vérités fondamentales (concernant Dieu, l'esprit, la liberté, etc.).

morphologie *(n. fém.)* : en grammaire, étude de la forme des mots.

mysticisme *(n. masc.)* : recherche d'un état de communication directe avec Dieu.

parodie *(n. fém.)* : imitation satirique d'une œuvre ou d'une action sérieuse.

pathétique *(adj.)* : qui émeut fortement.

phonétique *(n. fém.)* : étude des sons composant le langage humain.

picaresque *(adj.)* : se dit d'un roman dont le principal personnage est un « picaro » (en espagnol, un aventurier).

polémique *(n. fém.)* : débat par écrit, vif ou agressif.

préciosité *(n. fém.)* : mouvement littéraire, essentiellement féminin, du XVIIe siècle français ; il se caractérise par un emploi recherché, voire affecté, du langage et par le raffinement dans l'étude des sentiments amoureux.

prologue *(n. masc.)* : partie préliminaire d'une pièce, introduction.

psychanalyse *(n. fém.)* : méthode d'investigation de la vie mentale inconsciente, élaborée par Freud (1856-1939).

rationalisme *(n. masc.)* : tournure d'esprit de celui qui n'accorde de valeur qu'à la raison.

relâche *(n. fém.)* : suspension momentanée des représentations d'un théâtre.

rhétorique *(n. fém.)* : art de bien parler ou de bien écrire, qui vise à persuader et à charmer.

rite *(n. masc.)* : cérémonial en usage dans une religion.

rythme binaire, ternaire : mouvement d'une phrase ou d'une proposition qui procède par groupes de deux ou trois temps. Ex. de rythme ternaire : « tu veux qu'on se lie à demeurer au premier objet qui nous prend,/qu'on renonce au monde pour lui,/et qu'on n'ait plus d'yeux pour personne ? » (I, 2).

satire *(n. fém.)* : texte qui tourne en ridicule les individus ou certains aspects de la société.

sentence *(n. fém.)* : en rhétorique, formule bien frappée qui veut exprimer une vérité définitive. Ex. : « La constance n'est bonne que pour les ridicules » (I, 2).

spirituel *(adj.)* : qui concerne la vie de l'âme, en religion.

théologie *(n. fém.)* : science dont l'objet est Dieu et, par suite, la foi et la morale.

tirade *(n. fém.)* : longue suite de phrases ou de vers récitée sans interruption par un personnage de théâtre.

unité *(n. fém.)* : la **règle des trois unités** de la doctrine classique exige, premièrement, qu'une pièce de théâtre ne comporte qu'une action principale, à laquelle toutes les autres viennent se subordonner (**unité d'action**) ; deuxièmement, que cette action se déroule dans le lieu unique représenté par le décor (**unité de lieu**) ; troisièmement, que sa durée ne dépasse pas vingt-quatre heures (**unité de temps**).

vraisemblance *(n. fém.)* : apparence de vérité ; idée que l'on se fait du réel. Règle de la doctrine classique pour le théâtre.

Dans la nouvelle collection
Classiques Larousse

H.C. Andersen : *La Petite Sirène, et autres contes.*

H. de Balzac : *les Chouans.*

P. de Beaumarchais : *le Barbier de Séville* (à paraître) ; *le Mariage de Figaro* (à paraître).

F. R. de Chateaubriand : *les Mémoires d'outre-tombe* (livres I à III) ; *René.*

P. Corneille : *le Cid ; Cinna ; Horace ; l'Illusion comique* (à paraître) ; *Polyeucte.*

A. Daudet : *Lettres de mon moulin.*

G. Flaubert : *Hérodias ; Un cœur simple.*

J. et W. Grimm : *Hansel et Gretel, et autres contes.*

V. Hugo : *Hernani.*

E. Labiche : *la Cagnotte.*

J. de La Bruyère : *les Caractères.*

J. de La Fontaine : *Fables* (livres I à VI).

P. de Marivaux : *l'Île des esclaves ; la Double Inconstance ; les Fausses Confidences ; le Jeu de l'amour et du hasard.*

G. de Maupassant : *la Peur, et autres contes fantastiques ; Un réveillon, contes et nouvelles de Normandie.*

P. Mérimée : *Carmen ; Colomba ; la Vénus d'Ille.*

Molière : *Amphitryon ; l'Avare ; le Bourgeois gentilhomme ;
l'École des femmes ; les Femmes savantes ; les Fourberies de Scapin ;
George Dandin ; le Malade imaginaire ; le Médecin malgré lui ;
le Misanthrope ; les Précieuses ridicules ; le Tartuffe.*

Ch. L. de Montesquieu : *Lettres persanes.*

A. de Musset : *Lorenzaccio ; les Caprices de Marianne* (à paraître) *;
On ne badine pas avec l'amour* (à paraître).

Les Orateurs de la Révolution française.

Ch. Perrault : *Contes ou histoires du temps passé.*

E. A. Poe : *Double Assassinat dans la rue Morgue, la Lettre volée.*

J. Racine : *Andromaque ; Bérénice ; Bajazet* (à paraître) *;
Britannicus ; Iphigénie ; Phèdre.*

E. Rostand : *Cyrano de Bergerac.*

J.-J. Rousseau : *les Rêveries d'un promeneur solitaire* (à paraître).

G. Sand : *la Mare au diable* (à paraître).

R. L. Stevenson : *l'Ile au trésor* (à paraître).

Le Surréalisme et ses alentours.

Voltaire : *Candide ; Zadig* (à paraître).

(Extrait du catalogue général des *Classiques Larousse.*)

Collection fondée en 1933 par Félix Guirand, poursuivie par Léon Lejealle de 1945 à 1968 puis par Jacques Demougin jusqu'en 1987.

Conception éditoriale : Noëlle Degoud.
Conception graphique : François Weil.
Coordination éditoriale : Emmanuelle Fillion,
Marianne Briault et Marie-Jeanne Miniscloux.
Collaboration rédactionnelle : Catherine Le Bihan.
Coordination de fabrication : Marlène Delbeken.
Documentation iconographique : Nicole Laguigné.
Schéma p. 8 : Thierry Chauchat et Jean-Marc Pau.

Sources des illustrations
Agence de Presse Bernand : p. 13, 55, 119.
Brigitte Enguérand : p. 15.
Marc Enguérand : p. 41, 72, 97, 105.
Lauros-Giraudon : p. 5.
Larousse : p. 10, 20, 22, 127.
Norbert Perreau : p. 65, 89.
Steinberger-Enguérand : p. 111, 114, 136.

COMPOSITION : SCP BORDEAUX.
IMPRIMERIE HÉRISSEY. — 27000 ÉVREUX. — N° 60199.
Dépôt légal : janvier 1991. — N° de série Éditeur : 17277.
IMPRIMÉ EN FRANCE *(Printed in France)*. 871305 L - janvier 1993.